# Lieblingsplätze mit Hund

## NORDSEEKÜSTE NIEDERSACHSEN

# Lieblings-plätze mit Hund

# NORDSEEKÜSTE NIEDERSACHSEN

GMEINER

STEFANIE HEINS

Autor und Verlag haben alle Informationen geprüft. Gleichwohl wissen wir, dass sich Gegebenheiten im Verlauf der Zeit ändern, daher erfolgen alle Angaben ohne Gewähr. Sollten Sie Feedback haben, bitte schreiben Sie uns! Über Ihre Rückmeldung zum Buch freuen sich Autor und Verlag: lieblingsplaetze@gmeiner-verlag.de

Sofern nicht im Folgenden gelistet, stammen alle Bilder von Stefanie Heins: Bernhard Rauhut 12; Seier GmbH 22; Archiv Tourismus-Service Butjadingen, Benno Geils 34; G.Neumann.MMM 36; Archiv Tourismus-Service Butjadingen, Thomas Hellmann 42; Höpkens Campingplatz 44; Inola Hofrichter 46; Jan Luebben 58; Wattenmeer Besucherzentrum, Dr. Juliana Köhler 76; Sarah Kramer 78; Sven Bastrop 86; Kurverwaltung Wangerooge 90; Kurverwaltung Baltrum, Denis Metz 92, 120; Nordseebad Carolinensiel-Harlesiel GmbH 104; Beate Gerdes 108; Inselmädchen 114; Sandra Janik 122; Friederike Hegner 124; Hans Kleinpoppen 136; Nordseeheilbad Borkum GmbH 150; Tourist-Info Ihlow 164; Petra Lakerveld 174

QR-Code einscannen und kostenloses E-Book anfordern.

Besuchen Sie uns im Internet:
www.gmeiner-verlag.de

1. Auflage 2022

Im Ehnried 5, 88605 Meßkirch
Telefon 07575/2095-0
info@gmeiner-verlag.de


Lektorat/Redaktion: Anja Kästle
Herstellung: Julia Franze
Bildbearbeitung/Umschlaggestaltung: Susanne Lutz
unter Verwendung der Illustrationen von © aliaksei_7799 – stock.adobe.com; © SG- design – stock.adobe.com; © StudioAyutaka – stock.adobe.com; © Loveleen – stock.adobe.com; © a7880ss – stock.adobe.com; © Katrin Lahmer; © Benjamin Arnold; © Susanne Lutz
Kartendesign: © Maps4News.com/HERE
Druck: AZ Druck und Datentechnik GmbH, Kempten
Printed in Germany
ISBN 978-3-8392-0160-2

## FRIESLAND MIT WILHELMSHAVEN

## OSTFRIESLAND UND INSELN

# WÜNSCH DIR »WATT«

## Eine Liebeserklärung

Gemeinsam spektakuläre Natur und spannende Kultur erleben oder frische Köstlichkeiten und eine verträumte Unterkunft genießen? Für Menschen mit Hund hat die Region entlang der niedersächsischen Nordsee einiges zu bieten. Das Paradies für Pfotenfreunde reicht vom Cuxland über die Wesermarsch bis nach Friesland und Ostfriesland samt den Inseln. Egal, ob kleine Auszeit oder große Ferien – in dem bodenständigen Küstengebiet können Zwei- und Vierbeiner sowohl die Seele als auch die Leine baumeln lassen.

Erstmal denkt man natürlich ans Meer. Unterschiedlich gestaltete Hundestrände locken zum Planschen mit Gleichgesinnten. Und falls das Wasser gerade weg ist, geht man den Gezeiten bei einer Wattwanderung auf den Grund oder lässt sich zu einer der vorgelagerten Inseln führen. Sieben der ostfriesischen Eilande sind bewohnt und partiell auf tierische Touristen eingestellt. Als Teil des UNESCO-Weltnaturerbes Wattenmeer steht der zweitgrößte deutsche Nationalpark unter speziellem Schutz – was auch zum gesunden Klima der Gegend beiträgt.

Am Festland spürt man die frische Brise ungebremst auf der Deichkrone, wie beim Gassigang zum Campener Leuchtturm. Viele Ausflugsziele erreichen Aktive beispielsweise per Fahrrad plus Hundeanhänger. Vorbei an Wallhecken, Weiden, Wäldern und noch mehr Wasser: angelegte Badeseen, schiffbare Kanäle und einsame Bäche. Mechanische Klapp- oder Drehbrücken sowie manuelle Fähren verbinden die Ufer.

Zu den maritimen Wahrzeichen gehören genauso mächtige Container- wie malerische Kutterhäfen. Wer möchte, kann mit seinem Schützling an Bord gehen und besiedelte Seehundbänke besichtigen. Als Proviant gibt's zum Beispiel Nordseekrabben im Brötchen. Pfotentiere freuen sich, wenn (rein zufällig) etwas davon runterfällt. Generell muss niemand hungern, denn regionale Gastronomen servieren für jeden Geschmack das Richtige und für fellige Gourmets oft ein Leckerli.

Die Einheimischen sind geradlinig und grundsätzlich für einen »Schnack« zu haben. Plattdeutsch wird von der Elb- bis an die Emsmündung in diversen Dialekten gesprochen – ein lässiges »Moin« passt zur Begrüßung überall. Was die Menschen hier seit tausenden Jahren vor allem vereint, ist, ihre Heimat gemeinschaftlich gegen frühere Feinde sowie stürmische Fluten zu verteidigen. Dank dieser Tapferkeit genossen sie ab dem 9. Jahrhundert politische Privilegien. Die »Friesische Freiheit« gestattete es den Ansässigen, ihre Angelegenheiten weitgehend autonom zu regeln. Im 14. und 15. Jahrhundert wurde Ostfriesland von gewählten Häuptlingen regiert. Deren Herrschaftssitze sind heute teilweise geöffnet, ein Hausbesuch der Osterburg ist auch mit Vierbeinern möglich. Hübsche Altstädte mit gepflegten Geschäften findet man von Jever über Aurich bis nach Leer. Einkaufsbummel lohnen sich ebenso in Cuxhaven, Bremerhaven und Wilhelmshaven. Vielerorts präsentieren Einzelhändler stimmige Sortimente rund um den Hund.

Wer über Nacht bleibt, macht es sich samt Fellnase etwa in einem komfortablen Hotel, auf einem legeren Campingplatz oder in einer außergewöhnlichen Unterkunft gemütlich. Wie wäre es mit einem modernen Pfahlbau, einer historischen Mühle oder einem idyllischen Hausboot? Langweilig wird es gewiss nicht – die ganze Familie ist in verschiedenen Freizeitanlagen gern gesehen. Tolle Spielplätze begeistern nicht nur zweibeinige Energiebündel. Pfotentaugliche Hindernisse meistern Hunde beispielsweise im Fun-Agility-Park Neßmersiel.

Auch wenn sich vierbeinige Begleiter in besonderen Schutzzonen oder auf belebten Schauplätzen vorsichtshalber an der Leine bewegen, werden ihre Bedürfnisse in Form von Freilaufflächen berücksichtigt. Ein reibungsloses Miteinander fördern zudem die zahlreichen kostenfreien »Köttelpüüt«-Stationen (Kotbeutel). Das Anlegen eines Maulkorbs, etwa zwecks Nutzung öffentlicher Verkehrsmittel, ist normalerweise nicht nötig. In Niedersachsen gilt die Maßnahme für Hunde allgemein nur verpflichtend, sofern von ihnen eine Gefahr für andere ausgeht.

Die folgenden Seiten stellen eine Auswahl persönlicher »Lieblingsplätze« vor, an denen Gäste mit Hund nicht nur geduldet, sondern willkommen sind. Wer das Leben an der niedersächsischen Nordsee näher kennenlernt, wird garantiert weitere Orte mit »Wau-Effekt« entdecken!

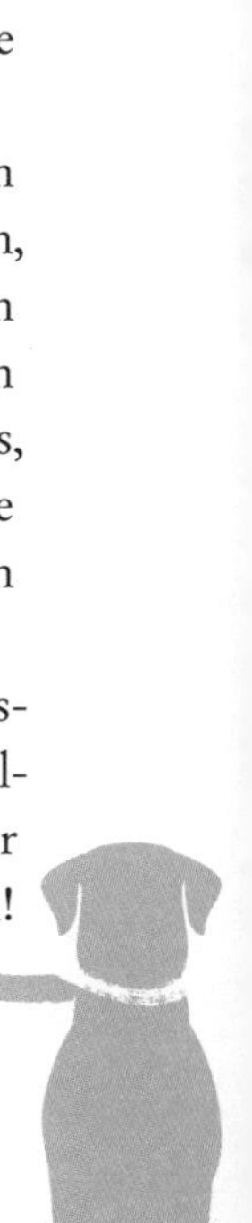

Übrigens gilt das niedersächsische Hundegesetz allgemein als vorbildlich, weil es in erster Linie an der Schulung des Halters ansetzt und auf pauschale Rasselisten verzichtet.

# CUXHAVEN BIS BREMERHAVEN

# 1

**KüstenTier**
Deichstraße 3
27472 Cuxhaven
0172 3597078
www.kuestentier.de

**Die kleine Fischkiste**
Niedersachsenstraße 10
27472 Cuxhaven
04721 22715
www.kleine-fischkiste.de

## FRISCHER FISCH UND MEHR

Fachgeschäft *KüstenTier*

»Fischers Fritz fischt frische Fische ...«, der bekannte Zungenbrecher ist beinahe das Motto von *KüstenTier*. Denn das regionale Fachgeschäft macht den Fang vom Kutter zu Futter. Fußläufig von der Nordsee betreiben Katharina Kühn und Patrik Schwörer ihren hübschen Laden, der sich zu einer etablierten Adresse für anspruchsvolle Hundehalter entwickelt hat. Die ausgebildete Tierernährungsberaterin sowie der gelernte Koch und studierte Tierernährungswissenschaftler verstehen ihr Handwerk und versorgen Vierbeiner mit erlesenen Produkten.

Dafür werden hochwertige Rohwaren morgens von lokalen Erzeugern angeliefert und in der zum Geschäft gehörenden Küche zu artgerechten und ausgewogenen Mahlzeiten verarbeitet. Sorgfältig geschnitten – auf Wunsch gewolft oder am Stück – gibt es die *KüstenTier*-Mischungen mit purem Fleisch oder als praktische Menüs in Portionen ab 250 Gramm verpackt. So kann der gesunde Genuss zu Hause entweder gleich gefüttert oder auf Vorrat eingefroren werden. Nassfutter zählt ebenso zum verantwortungsbewusst gewählten Sortiment. Getreide, Zucker und künstliche Zusätze findet man in keinem der angebotenen Artikel.

Naturbelassene Kau- oder Trainingssnacks sowie sinnvolle Nahrungsergänzungen bieten das Passende für jeden Geschmack. Bei ernährungsbedingten Besonderheiten hilft das *KüstenTier*-Team mit kompetenter und individueller Beratung weiter. So handverlesen wie das Futter ist auch das erhältliche Zubehör. Die robusten Spielzeuge oder maßgeschneiderten Halsbänder und Leinen stammen überwiegend von norddeutschen Manufakturen. Mit mindestens so viel Leidenschaft wie für den Shop kümmern sich beide Betreiber natürlich um ihren tierischen Schützling. Schäferhund-Mischling Beigli genießt die gemeinsamen Mittagspausen im gegenüberliegenden Park.

Nach dem Einkauf spaziert man in knapp 15 Minuten zum Lokal und Laden *Die kleine Fischkiste*. Hier gibt es leckere Fischbrötchen – gerne gleich auf die Hand. Trinknäpfe stehen zur Verfügung.

2

**Alte Liebe**
Bei der Alten Liebe
27472 Cuxhaven
Schiffsansagen und
Webcam:
www.schiffsansagedienst-
cuxhaven.de

**Am Pier**
Am alten Hafen 4
27472 Cuxhaven
04721 500827
www.ampier.de

## FERNWEH MIT ANSAGE

### Aussichtsplatz *Alte Liebe*

Der weiße Holzbau vor dem blauen Horizont ist eine beeindruckende Erscheinung. Ein wenig ehrfürchtig wird man beim Betreten der zweistöckigen Anlage, die seit 1733 zum Stadtbild von Cuxhaven gehört. Für Schiffskapitäne ist die *Alte Liebe* ein markanter Streckenpunkt und für Spaziergänger ein wunderbarer Aussichtsplatz, um die vorbeiziehenden Dampfer zu beobachten. Mehr als 30.000 passieren jährlich den Weltschifffahrtsweg – unter anderem die Container- oder Kreuzfahrtriesen auf ihrem Weg nach Hamburg. Keine Wasserbewegung bleibt dem Schiffsansagedienst Cuxhaven verborgen, der auf der *Alten Liebe* per Lautsprecher über Größe, Herkunft und Ziel der passierenden Pötte informiert.

Der massive Pfahlbau wurde ursprünglich als Wellenbrecher und Schiffsanleger errichtet. Bis heute starten Reisende von der *Alten Liebe* zu den Inseln Neuwerk, Helgoland und den benachbarten Seehundbänken. Auch das historische Feuerschiff *Elbe 1* – eine Art schwimmender Leuchtturm – hat hier seinen Hafen. Wie die *Alte Liebe* zu ihrem romantischen Namen gekommen ist, dazu kursieren verschiedene Geschichten. Eine besagt, dass ein ausrangiertes Segelschiff namens Olivia vor Ort als Anlegeponton gedient haben soll. Einheimische nannten den Platz »Oliv«, was dem plattdeutschen »Ol' Leev« (Alte Liebe) ähnelt. Einer anderen Überlieferung zufolge stammt der Name von einem an dieser Stelle versenkten Schiff, das *Die Liebe* hieß. Übrigens nomen est omen: Das Trauzimmer im Rathaus Cuxhaven trägt ebenfalls den Namen Alte Liebe.

Landseitig des kultigen Bollwerks erwarten Besucher und vierbeinige Begleiter weitere Sehenswürdigkeiten: das Minensucher-Denkmal, der Radarturm, Windsemaphor und Hamburger Leuchtturm. Maritime Stärkungen sowie Souvenirs gibt es natürlich auch!

---

Frühstück, warme Küche und Getränke werden im Restaurant *Am Pier* serviert. Vierbeiner schlürfen an der Hundebar aus mit Wasser gefüllten Kochtöpfen.

8

**Duhner Heide**
Ausgangspunkt:
Besucherplattform
Dünenweg
27476 Cuxhaven

**CUX-Tourismus Duhnen**
Cuxhavener Straße 92
27476 Cuxhaven
04721 404200
www.duhnen.de

# IN DER GEEST GEHT'S WEITER

Spaziergang in der Duhner Heide

Wer dem Strand den Rücken kehrt, staunt beim Anblick der sich darbietenden Landschaft nicht schlecht: Die Cuxhavener Küstenheide ist das größte zusammenhängende Heidegebiet auf dem Festland der deutschen Nordseeküste. Fließend geht die vielfältige Natur vom Watt in Wiesen und Wälder über. Eine Meeresbrise vermischt sich mit Pflanzendüften, man möchte die ganze Zeit tief einatmen …

Der geschützte, zum Nationalpark Niedersächsisches Wattenmeer gehörende Bereich ist für seine Bewohner und Besucher ein Ort der Entspannung – in dem es gleichzeitig viel zu erkunden gibt. Gut geht das für Spaziergänger auf dem Entdeckungspfad Duhner Heide. An der öffentlichen Besucherplattform beginnt und endet der knapp zwei Kilometer lange Rundweg.

Unter anderem der hohe Holzbedarf für den Deich- und Schiffbau trug ab dem Mittelalter zur großflächigen Verödung des Geländes bei und bereitete den typisch trockenen Heideboden. Die sandige Geestlandschaft durchwandert man am besten zu Fuß. Für den Entdeckungspfad benötigt man maximal anderthalb Stunden. Verschlungene Wege führen durch eine ungestörte Kulisse an zwölf Tafeln vorbei, die über Eigen- und Besonderheiten der Region informieren. Heidesträucher, Birken und Kiefern prägen den Lebensraum für Vögel, Reptilien oder Insekten. Weidetiere wie Schafe und Ziegen trifft man ebenfalls in der Duhner Heide. Auch aus diesem Grund gilt hier eine grundsätzliche Leinenpflicht für Hunde.

Ein Ausflug lohnt sich zu jeder Jahreszeit. Die Heideblüte im Hochsommer ist ein Traum in Violett. Eine magische Stimmung herrscht hier, wenn die vom Westwind gebeugten Bäume aus dem Nebel ragen. Und mit Glück ist am Ende des Rundweges wieder Ebbe – dann sieht man die Pferdekutschen durchs Watt zur Insel Neuwerk zuckeln.

Der knapp einen Kilometer entfernte Hundestrand Sahlenburg bietet mit der Dusche und Trinkwasserstation für Vierbeiner einen tollen Service – nur die Leine muss leider dranbleiben. Der Zugang erfolgt über die Wernerwaldstraße.

4

**Kletterpark Cuxhaven**
Wernerwaldstraße 2
27476 Cuxhaven
04721 6986138
www.kletterpark-cuxhaven.de

# HOCHGENUSS FÜR JEDEN GESCHMACK

## Waldbistro im Kletterpark Cuxhaven

Im Sommer gibt es an der Niedersächsischen Nordsee eine besondere Delikatesse: Wildlachs-Eis! Auch andere Sorten, zum Beispiel mit Rind oder Käse, stehen bei Schleckermäulern hoch im Kurs. Wen das kulinarisch nicht überzeugt, der ist wahrscheinlich kein Hund. Die saisonale Spezialität wird in verschiedenen Geschmacksrichtungen extra für Vierbeiner zubereitet. Fußläufig vom fröhlichen Treiben am Hundestrand in Sahlenburg zu erreichen, verwöhnt das freundliche Team vom Waldbistro im Kletterpark Cuxhaven nicht nur tierische Gäste.

Im Schatten duftender Kiefern – strandseitig die Küste oder parkseitig die Kletterer im Blick – kann man in der gepflegten Gastronomie die perfekte Pause genießen. In Selbstbedienung wählen die Besucher aus dem abwechslungsreichen Speisen- und Getränkeangebot. Die Grillgerichte werden frisch aufgelegt und entstammen der hauseigenen Herstellung einer regionalen Metzgerei. Auf Vorbestellung gibt es ab mehreren Personen exklusive Köstlichkeiten wie den finnischen Flammlachs. Süße Sünden versprechen die Kuchentheke und Eistruhe. Bei frischen Temperaturen macht man es sich im modernen Wintergarten gemütlich und wärmt sich mit heißem Glühwein oder Apfelsaft.

Der Kletterpark Cuxhaven und das dazugehörende Waldbistro wurden 2014 in einzigartiger Lage, direkt am Weltnaturerbe Wattenmeer, errichtet. Das natürliche Areal ermöglicht mit mehr als 70 Elementen sorgfältig gesicherte Aktivitäten in verschiedenen Schwierigkeitsgraden. Kleine Kletterer sind im Piratenparcours gut aufgehoben, Familien hangeln sich durch die Strecken *Helgoland, Neuwerk* oder *Scharhörn* und die *Alte Liebe* lässt sich nur zu zweit absolvieren. Das Highlight ist der Parcours *Cuxslide* mit bis zu 75 Meter langen Seilrutschen und dem Abschlusssprung aus acht Meter Höhe.

Der umliegende Wernerwald bietet Wege für Wanderer mit Hund. In dem Gebiet gilt grundsätzlich Anleinpflicht.

5

**Cuxland Ferienparks**
Sieltrift 37 (Hauptsitz)
27639 Wurster Nordseeküste
04741 390
www.cuxlandparks.de

Informationen zum »Tag des Hundes«:
www.tag-des-hundes.de

# ALLE LIEBEN »PFÖTCHENURLAUB«

Cuxland Ferienparks

Vierbeinerfreundliche Unterkünfte und Gastronomie, schöne Strände und Spielplätze sowie volles Programm am offiziellen »Tag des Hundes«. Die Wurster Nordseeküste ist ein toller Tipp für den gemeinsamen Urlaub. Dass sich die ganze Familie pudelwohl fühlt, das versprechen die Cuxland Ferienparks. Viele gepflegte Häuser, Wohnungen oder das Hotel heißen Gäste mit bis zu zwei Hunden herzlich willkommen. Dazu begeistert besonders der Standort in Dorum-Neufeld alle Beteiligten durch abwechslungsreiche Aktivitäten.

Direkt hinter dem Deich befinden sich die Mieteinheiten dieses Ferienparks. Diverse Restaurants sowie Einkaufsmöglichkeiten sind zu Fuß erreichbar. Ebenso das hauseigene Hotel, dessen Rezeption eine wichtige Anlaufstelle für die Gäste und Begleiter auf vier Pfoten ist. Dort gibt es gegen einen Pfand den Schlüssel zum Hundespielplatz, den Bewohner der Cuxlandparks täglich eine Stunde kostenfrei nutzen dürfen. Auf dem umzäunten Gelände halten Hindernisse wie Tunnel, Brücke, Wippe oder Sprünge sportliche Vierbeiner auf Trab. Für motivierte Mensch-Hund-Teams steht auch im Ferienpark in Wremen ein separater Hundetrainingsplatz zur Verfügung.

Entspannung pur genießen Zwei- und Vierbeiner am nahen Hundestrand. Aus dem gebuchten Korb lässt sich das fröhliche Treiben gemütlich beobachten. Wer möchte, spaziert durchs Watt oder schwimmt im Meer. Anschließend stehen Duschen für matschige Füße und Pfoten bereit. Neben dem Grünbereich mit Leinenpflicht gehört auch eine große Freilauffläche zum Gelände. Wenn die Fellnase nach der ganzen frischen Meeresluft zufrieden im Feriendomizil schlummert, können die Menschen weitere Attraktionen erkunden. Zum Beispiel das Wellenbad *Watt'n Bad*, die fantastischen Fundstücke im Kuriosen Muschel-Museum oder den spektakulären Piratenspielplatz.

Einmal pro Jahr dreht sich zum »Tag des Hundes« am Strand in Dorum alles um den Vierbeiner. Dann gibt es professionelle Fotoshootings, Vorführungen, Vorträge sowie Verkaufsstände.

6

**Lernzentrum für Mensch und Hund**
Misselwardener Altendeich 2
27639 Wurster Nordseeküste
04742 3442968
www.lernzentrum-mensch-hund.de

**SiEBHAUS**
Am Wremer Hafen / Strandstraße
27638 Wremen
0174 7542303
www.siebhaus.de

## TRAINING MIT »MEERWERT«

### Lernzentrum für Mensch und Hund

Wer seinen Vierbeiner zum professionellen Begleiter ausbilden, eine sinnvolle Beschäftigung erlernen und die gemeinsame Beziehung pflegen möchte, kann an der Wurster Nordseeküste das Praktische mit dem Angenehmen verbinden. Im Lernzentrum für Mensch und Hund genießen die Gäste erfolgreiches Training in entspannter Atmosphäre. Auf ihrer idyllischen Hofanlage leiten die langjährigen Expertinnen Marlies Stapper und Ulrike Biermann fundierte Fortbildungen fernab vom Alltagsstress.

Therapie-, Pädagogik- und Besuchsbegleithunde-Ausbildungen sind die Schwerpunkte des Angebots. In diesen Bereichen arbeitet das Lernzentrum nachbarschaftlich mit Grundschulen sowie Senioreneinrichtungen zusammen. Wer herausfinden möchte, ob der soziale Einsatz (beruflich oder ehrenamtlich) zu sich und seinem Tier passt, kann an einem der regelmäßigen Einsteigertage in die unterschiedlichen Fachrichtungen schnuppern. Für Welpen und Junghunde gibt es außerdem ein Start-up-Programm. Mit viel Erfahrung und Einfühlungsvermögen helfen die Trainerinnen, individuell das Passende für jedes Team umzusetzen – dabei soll sich weder Mensch noch Hund verbiegen.

Der Bildungsurlaub am Meer kann eine spezifische Schulung, ein individuelles Coaching oder die Teilnahme an verschiedenen Seminaren und Workshops beinhalten. Hier reicht das Angebot von der *Tellington TTouch*-Methode über Basiswissen zum Lernverhalten des Hundes bis zu aktiven Trainings wie Treibball, Longieren oder Apportieren. Geübt wird optional in Kleingruppen oder Einzelstunden. Das zum Lernzentrum gehörende Gästehaus verfügt über vier freundlich eingerichtete Zimmer sowie eine Gemeinschaftsküche zur eigenen Versorgung. Und wer nach dem Kurs den Kopf lüften möchte, ist zu Fuß in wenigen Minuten am Watt!

Früher fuhren manche Fischer bei Ebbe mit dem Hundeschlitten zu ihren Reusen – eine vom Aussterben bedrohte Tradition. Frische Nordseekrabben gibt es im kultigen Imbiss *SiEBHAUS* am Wremer Hafen.

# 7

**Haus am See**
Marschenhausweg 3
27580 Bremerhaven
0471 81398
www.ha-see.de

**Gesundheitspark Speckenbüttel**
Ausgangspunkt: Parkstraße / Wurster Straße
27580 Bremerhaven
www.bremerhaven.de

## LEINEN LOS UND GENIESSEN

### Ausflugslokal *Haus am See*

Das charmante, holzverkleidete *Haus am See* ist ein beliebtes Ausflugslokal für Städter und Spaziergänger. Inmitten der herrlichen Landschaft des Speckenbütteler Parks kann man hier gemütliche Stunden verbringen. Im Biergarten mit karibischer Sandfläche und Blick auf den angrenzenden See treffen sich Erholungsuchende aller Art. Ob zum ruhigen Entspannen im Liegestuhl oder zum munteren Plaudern am Tisch. Im *Pyrats Beach*-Bereich gibt es frisch gezapfte Getränke, vom *Pyrats Burger*-Grill duften heiße Spezialitäten und das Café *Freibeuter* bietet köstliche Speisen für den kleinen Hunger. In der großen Außenanlage ist Selbstbedienung angesagt – jeder Gast holt sich, was er am liebsten mag.

Auch viele »Stammpfötchen« schauen regelmäßig bei der Gastronomie im Grünen vorbei und freuen sich über das obligatorische Begrüßungsleckerli. Nach einer ausgedehnten Hunderunde durch den Park (es gilt Leinenpflicht) findet sich beim *Haus am See* ein schattiges Plätzchen. Auf Wunsch erhält man hochwertige Kauknochen oder getreidefreie Trockennahrung für die vierbeinigen Begleiter. Passend zur Einrichtung geschreinerte Trinknapf-Stationen stillen den tierischen Durst. Wem der Blick vom Ufer aufs Wasser nicht genügt, der mietet ein Ruderboot und startet direkt vom hauseigenen Steg. Selbstverständlich sind seetaugliche Hunde an Bord erlaubt.

Gesellig und geschützt geht es bei Wind und Wetter im geräumigen Wirtshausgebäude zu. Die Küche verwöhnt den Gaumen mit klassischen Gerichten, deren Zutaten überwiegend aus der Region stammen. Zünftige Schnitzel, Burger und Ofenkartoffeln schmecken mit unterschiedlichen Beilagen als Mittag- oder Abendessen. Zwischendurch werden frischer Kaffee und Kuchen serviert, an den Wochenenden und ausgesuchten Feiertagen sogar ein üppiges Frühstücks- oder Brunch-Buffet.

Ganzjährig frei zugänglich, ist der Gesundheitspark Speckenbüttel mit rund 70 Hektar Erholungsfläche und unterschiedlichen Sport- sowie Spielbereichen ein abwechslungsreiches Ausflugsziel.

# 8

**MS Geestemünde**
(Betrieb von April–
Oktober)
Liegeplatz: Neuer Hafen
27568 Bremerhaven
0471 3003600
www.ms-geestemuende.de

**ATLANTIC Hotel Sail City**
Am Strom 1
27568 Bremerhaven
0471 309900
www.atlantic-hotels.de

# Schiffe, Sänger, Sensationen

»Dicke Pötte Tour« mit der *MS GEESTEMÜNDE*

Wer fleißige Seebären und fidele Seehunde erleben möchte, ist in Bremerhaven richtig. Wo die Weser in die Nordsee mündet, herrscht reger Betrieb. An der längsten Containerkaje der Welt beladen große Kräne noch größere Frachter, gigantische Kreuzer nehmen Kurs auf ferne Kontinente und geschickte Schlepper vollführen meisterhafte Manöver. In dem täglichen Tummelbecken lassen sich auch elegante Sportboote und entspannte Meeresbewohner treiben. Da wäre man gerne mittendrin! Die *MS GEESTEMÜNDE* macht's möglich: Vor der maritimen Metropole sticht das Fahrgastschiff in See und gewährt eine geniale Perspektive auf das Geschehen.

Bei der »Dicke Pötte Tour« dürfen angeleinte Hunde auf dem Ober- oder Achterdeck mitschippern. Im Panoramasalon werden die Passagiere mit Proviant versorgt – Pfötchen haben keinen Zutritt. Los geht es vom zentralen Liegeplatz im Neuen Hafen durch die Schleuse auf die dicht befahrene Wasserstraße. Entlang der Weser tuckert man an der städtischen Skyline vorbei, hin zum Schaulaufen der internationalen Schifffahrt. Bremerhaven und Hamburg zählen zu den Dreh- und Angelpunkten des Welthandels. Bis zur Nordspitze des Containerterminals und wieder zurück kann man beeindruckende Bauwerke bestaunen. Unterwegs mit der hier ältesten aktiven Reederei gehören Informationen aus erster Hand zum Bordprogramm.

Dass Seefahrer auch Entertainer sein können, beweist unter anderem Ulrich Keller. Der erfahrene Marinemann ist ein lebendes Lexikon und ein leidenschaftlicher Sänger. Wenn er über die Ankunft des Soldaten Elvis Presley 1958 in Bremerhaven berichtet, gibt es dazu einen Klassiker des »King of Rock 'n' Roll«. Wer genau hinschaut, sieht vielleicht sogar die Seehunde auf der Sandbank mit ihren Flossen applaudieren. Hier wird wirklich jedem etwas geboten!

Nach einem spannenden Tag auf See warten eine kuschelige Hundedecke sowie ein Futternapf mit Leckerli im Zimmer des *ATLANTIC Hotel Sail City*.

# 9

**Luneplate**
Ausgangspunkt:
Infopavillon Ehemalige
Hofstelle
Luneplate
27612 Bremerhaven

**Wikingerhof Overwarfe**
Warftenstraße 50
27612 Loxstedt-Overwarfe
0152 36341344
www.wikinger-hof.de

# Wasserbüffel und Windschöpfwerke

## Naturschutzgebiet Luneplate

Die um 1800 entstandene Weserinsel hat ihre Erscheinung im Laufe der Jahre mehrfach gewandelt. Durch Eindeichung zu Festland geformt und wirtschaftlich genutzt, wurde aus der ursprünglich geplanten Industrie-Ansiedlung das Gegenteil: Eine ökologische Ausgleichszone für angrenzende Hafenbauprojekte. Heute markiert die rund 1.400 Hektar umfassende Fläche das größte Naturschutzgebiet im Bereich von Bremen. Auf einer Zugvogelroute sowie neben dem Nationalpark Wattenmeer gelegen, ist die Luneplate ein besonderer Lebensraum – und öffentlich begehbar. Ab den Parkplätzen am ehemaligen Lunesiel oder bei der Hofstelle führen verschiedene Fuß- und Fahrradwege in die wasserreiche Wildnis.

Grünes Marschland, glucksender Wattboden und der geniale Tidepolder prägen das Gelände. Letzterer ermöglicht den Ablauf von Ebbe und Flut sogar hinter dem Deich. Darüber hinaus regulieren mehrere Windschöpfwerke den Feuchtigkeitshaushalt des Areals für einen angenehmen Aufenthalt der Bewohner. Dazu gehören ganzjährig Wasser- und Watvögel sowie Wiesenbrüter im Frühling, Mausergäste im Sommer oder Überflieger im Herbst. Auch Fischotter und Feldhasen, Rotfüchse und Rehe sowie Seeadler und Säbelschnäbler genießen das norddeutsche Naturparadies.

Um die sensible Flora und Fauna nicht zu stören, spazieren Hunde an der Leine. Das dient nicht zuletzt der eigenen Sicherheit, denn als Landschaftspfleger sind auf umzäunten Weiden unter anderem mächtige Wasserbüffel am Werk. Wissenswertes über diese und andere Besonderheiten des Naturschutzgebietes verraten die Info-Tafeln und -Pavillons. Spannende Perspektiven auf die Tier- und Pflanzenwelt ermöglichen außerdem der mehrgeschossige Aussichtsturm sowie das moderne Beobachtungsversteck.

Nach telefonischer Anmeldung können Zwei- sowie begleitende Vierbeiner auf dem naheliegenden Wikingerhof Overwarfe eine kulinarische und handwerkliche Zeitreise erleben.

10

**Tierfutterstübchen**
Wesermünder Straße 24
27619 Schiffdorf-Wehdel
04749 103377
www.tierfutterstübchen.de

**Hundestrand Dorum-Neufeld**
Am Kutterhafen
27632 Wurster Nordseeküste

## SIE SORGEN FÜR »BESSERFRESSER«

Tierfutterstübchen in Wehdel

»Wir füttern nicht – wir ernähren«, sagen Nicole und Stefan Handwerk. Dass diese Botschaft ankommt, beweisen die beiden Experten seit 2002 erfolgreich mit ihrem Fachhandel Tierfutterstübchen. Hier geht es vielmehr um Überzeugung als um Umsatz. Die bestmögliche Versorgung jedes Vierbeiners steht im Vordergrund. Dafür beschäftigen sich die erfahrenen Hundefreunde gerne mit den individuellen Bedürfnissen ihrer Kunden. Wer mag, kann sich in der gemütlich gestalteten Sitzecke ausführlich austauschen. So einen Service gibt es woanders selten!

Falls gewünscht, erklärt die Tierernährungsberaterin Nicole Handwerk zum Beispiel die Deklarationen von Futtermitteln – und worauf es dabei ankommt. Diesbezüglich kann man sich ganz auf ihre unabhängige Einschätzung verlassen, denn sie vertritt keine spezielle Produktmarke. Vor größeren Gruppen gibt die Fachfrau auch Seminare. Wie die Theorie in der Praxis aussieht, verdeutlicht das sorgfältig zusammengestellte Sortiment mit hochwertiger Nahrung und praktischem Zubehör für jede Lebenslage und in jedem Preisbereich. Das Angebot reicht von gesundem Trocken- und Nassfutter bis zur gesamten BARF-Bandbreite. Dazu gibt es Kauartikel oder Kekse, die guten Gewissens geschlemmt werden dürfen. Gelegentlich kann man das Gewicht des vierbeinigen Gourmets auf der kostenlosen Hundewaage kontrollieren.

Wenn unter anderem das Alter oder Allergien dem Schützling zu schaffen machen, hilft eine angepasste Ernährung, das Wohlbefinden zu verbessern. In einigen Fällen arbeitet das Tierfutterstübchen mit Veterinären und Wissenschaftlern zusammen. Auch auf den Wochenmärkten in Geestemünde und Langen sowie durch einen Lieferservice im Cuxland sind Nicole und Stefan Handwerk für ihre Kundschaft da. Einmal im Jahr werden selbst die Zweibeiner kulinarisch verwöhnt: Das traditionelle »Weihnachtswaffelbacken« ist ein beliebter Treffpunkt, bei dem keiner die Kalorien zählt.

---

Nach dem Shopping an den Strand: In Dorum-Neufeld wartet ein kostenpflichtiger Bereich mit Wattzugang auf Hundehalter. In der angrenzenden Freilaufzone darf leinenlos getobt werden!

# IN UND AN DER WESERMARSCH

# 11

**Museum Moorseer Mühle**
Butjadinger Straße 132
26954 Nordenham-Abbehausen
04731 88983
www.museum-moorseer-muehle.de

**Seenpark III**
Coldewärfer Straße
26954 Nordenham

# AUF MÜLLERS SPUREN

Museum Moorseer Mühle in Abbehausen

Mit vierbeiniger Begleitung darf man nur selten historische Einrichtungen erkunden. Eine Ausnahme macht das Museum Moorseer Mühle. Hier können Hund und Halter gemeinsam Tradition und Technik erleben. Die hübsche Anlage gehört zu den größten, am Originalschauplatz bewahrten und öffentlich zugänglichen Mühlenensembles in Niedersachsen. Schon vor mehr als 300 Jahren wurde an diesem Ort gemahlen. Wenn sich die Flügel im Wind und Getreidekörner zwischen den Steinen bewegen, fühlt man sich in die Vergangenheit zurückversetzt. Frisch gebackenes Brot liefert dazu den passenden Geschmack …

1977 endete die wirtschaftliche Nutzung der letzten kommerziellen Windmühle in der Wesermarsch. Im Laufe der Jahrhunderte waren hier viele Müller tätig und prägten die Mühle sowie das große Gelände, zu dem unter anderem auch Scheunen und Ställe gehören. Die Mühle bildet das Herzstück der Anlage. Ihr heutiges Erscheinungsbild erhielt sie 1904, als der Oberbau nach einem Brand wieder neu errichtet werden musste. An der 15 Tonnen schweren Kappe des »Galerieholländers« befinden sich 22 Meter lange Flügel, die für eine maximale Leistung von 60 PS sorgen. Im Gebäudeinneren dokumentieren diverse Maschinen unterschiedliche Verarbeitungsprozesse von Müllereiprodukten.

Anfang dieses Jahrtausends wurde die Moorseer Mühle aufwändig saniert, ist voll funktionsfähig und wird regelmäßig in Betrieb genommen. Verwaltet durch den Rüstringer Heimatbund e. V. hat sich das Wahrzeichen zu einem umfangreichen Fachmuseum gemausert. Das Haupthaus samt Dauerausstellung, die wechselnde Sonderschau sowie das Müllerhaus dürfen auch stubenreine Vierbeiner an der Leine betreten. Neben den immer wieder stattfindenden Back- und Aktionstagen können sich Besucher während der Sommermonate im stilechten Mühlencafé stärken. Dort steht zudem ein Wassernapf bereit.

Ganzjähriger Freilauf gilt entlang des Rundwegs durch den Nordenhamer Seenpark III. Ein Strandbereich mit Bademöglichkeit gehört ebenfalls dazu!

12

**Planetenweg**
Ausgangspunkt:
Union-Pier
Strandallee
26954 Nordenham
0163 7502739
www.sternfreunde-nordenham.de

**Hundefreilaufgebiet an der Strandallee**
Großensieler Hafen
26954 Nordenham

## GASSI DURCH DIE GALAXIE

Planetenweg

Pluto heißt nicht nur eine berühmte Zeichentrickfigur, sondern auch ein bekannter Himmelskörper. Wer diesen und die acht Planeten unseres Sonnensystems näher kennenlernen möchte, kann am Union-Pier an Nordenhams Weserufer zu einem kosmischen Spaziergang aufbrechen. Von hier legen übrigens Fahrgastschiffe in Richtung Bremen ab. Auf vielen Linien- und Rundfahrten sind ebenfalls vierbeinige Passagiere an Bord erlaubt. Um den Planetenweg zu beschreiten, geht es ab der Sonnenskulptur zu Fuß an der Weser entlang. Im Maßstab Eins zu einer Milliarde geschrumpft, zeigt ein öffentlich zugängliches Modell mit silbernen Schautafeln die galaktischen Größenverhältnisse. Je nach Wissenslust wandern Hobby-Astronomen auf der anderthalb Kilometer kurzen, orangefarbenen Route zum Saturn oder die ganzen sechs Kilometer der roten Strecke bis zum Pluto.

Letzterer wird von der Internationalen Astronomischen Union seit 2006 nicht mehr zu den Planeten gezählt. Für die etablierten Exemplare – Merkur, Venus, Erde, Mars, Jupiter, Saturn, Uranus und Neptun – können angehende Sternenwandler diesen Merkspruch lernen: »**M**ein **V**ater **e**rklärt **m**ir **j**eden **S**onntag **u**nseren **N**achthimmel.« Zuständig für die niedersächsische Planeten-Präsentation ist der Verein der Nordenhamer Sternfreunde. Der betreut außerdem die Volkssternwarte sowie das Planetarium im Gebäude des städtischen Gymnasiums.

Ein Ausflug an die gestaltete Strandallee macht zugleich schlau und Spaß. Zu Beginn gibt es einen großen Spielplatz für die Kleinen und im weiteren Verlauf dürfen selbst die Vierbeiner toben. Das als »Osterfeuerwiese« bekannte Areal ist ein ausgewiesenes Hundefreilaufgebiet – auf der weitläufigen Grünfläche finden jedoch gelegentlich auch Festivitäten statt. Aufschluss hierüber gibt der hiesige Veranstaltungskalender auf der Website: www.nordenham.de

Menschen, die im chinesischen Tierkreiszeichen »Hund« geboren sind, gelten als loyale und treue Freunde. Das nächste »Hundejahr« steht 2030 bevor.

# 18

**Hundespielplatz im Scheunenpark**
Am Deich
(Hinter der Spielscheune in der Strandallee 57a)
26969 Butjadingen

**Fisch Bar**
Strandallee 88
26969 Butjadingen

# GLÜCKLICH UNTER GLEICHGESINNTEN

Hundespielplatz im Scheunenpark

Einsamkeit im Watt und Gemeinsamkeit an Land bietet die Nordsee-Lagune Butjadingen. Besonders die öffentlichen Freizeitanlagen im großen Scheunenpark sind beliebte Treffpunkte. Auf dem Kinderspielplatz ist immer was los und auch die Boule-Bahnen sowie Outdoor-Sportgeräte für Erwachsene sind häufig in Gebrauch. Jüngere und Ältere, Einheimische und Touristen genießen die Aktivitäten auf dem Areal, das ebenfalls vierbeinige Besucher begeistert. Eine Holzbrücke führt zur sorgfältig angelegten und sicher umzäunten Freilauffläche. Diese verspricht mit unterschiedlichen Stationen auf gut 5.600 Quadratmetern Fläche viel Spaß und Spannung.

Welcher Hund traut sich durch den Tunnel? Wer balanciert geschickt auf den Pfoten über die Baumstämme oder buddelt das tiefste Loch an der Sandstelle? Wilde Wettrennen über Hügel und Hindernisse sind ebenfalls an der Tagesordnung. Die stolzen Frauchen oder Herrchen stehen zusammen und bejubeln die tollkühnen Akteure. Natürlich weiß jeder schnell, wie der andere heißt und woher er kommt. Meistens trifft man sich auf dem Hundespielplatz im Ortsteil Burhave mehr als einmal, denn die Attraktion ist überaus beliebt.

Dank gegenseitiger Rücksichtnahme genießen unterschiedliche Menschen und Hunde gemeinsam das großzügige Gelände. Schutz vor dem Wetter spendet ein Holzpavillon mit Tischen und Bänken. Vierbeiner dürfen sich an der Wasserstelle erfrischen. Noch besser funktioniert das am gegenüberliegenden Hundestrand. Dort kann man mit seinem angeleinten Begleiter das Watt erkunden – und später den Schlick an der Hundedusche abspülen. In weiten Bereichen der Halbinsel am UNESCO-Weltnaturerbe Wattenmeer gilt eine ganzjährige Leinenpflicht. Diese lässt sich mit den gebotenen Möglichkeiten aber ziemlich gut meistern.

---

Knurrt der Magen? Bei der benachbarten *Fisch Bar* gibt es Schnelles auf die Hand oder Warmes auf den Teller. Eine Terrasse mit Trinknapf gehört dazu.

# 14

**Langwarder Groden**
Ausgangspunkt:
Nationalpark-Haus Museum Fedderwardersiel
Am Hafen 4
26969 Butjadingen-Fedderwardersiel
04733 8517
www.butjadingen.de

**Dat Havenhuus**
Am Hafen 8
26969 Butjadingen-Fedderwardersiel
04733 1740140
www.dat-havenhuus.com

## BOHLEN UNTER DEN SOHLEN

Rundwanderweg durch den Langwarder Groden ab Fedderwardersiel

»Heel wat Besünners« – etwas ganz Besonderes – ist dieses Naturerlebnis auf der Nordsee-Halbinsel Butjadingen. Hier geleitet ein traumhafter Bohlensteg die Besucher trockenen Fußes durch Ebbe oder Flut. Mit seiner schützenswerten Landschaft gehört der Langwarder Groden zum Nationalpark Niedersächsisches Wattenmeer. Ein flächendeckendes Wanderleitsystem führt Spaziergänger zu den schönsten Stellen, ohne die sensible Fauna und Flora zu stören. Der zertifizierte Qualitätsweg ist sogar für begleitende Hunde freigegeben – wenn diese brav an der Leine laufen. Mit ruhigem Schritt und etwas Glück geht man den Geheimnissen des Grodens auf den Grund.

Ein perfekter Start- und Endpunkt für den Ausflug ist der friedliche Kutterhafen von Fedderwardersiel. Dort haben auch das *Nationalpark-Haus Museum* für Wissenshungrige sowie diverse Restaurants geöffnet. Unterschiedliche Routen führen durch den Langwarder Groden. Zum Beispiel der zwei Kilometer barrierereduzierte Bohlenweg, der vier Kilometer lange Naturerlebnisweg oder der einen Kilometer kürzere Naturentdeckungspfad. Von mehreren Beobachtungsständen und einer Brücke lässt sich das abwechslungsreiche Gelände gut überblicken. Dazu vermitteln zahlreiche Infotafeln sowie interaktive Modelle spannende Fakten über den ungewöhnlichen Lebensraum.

Wenn der Schlick glitzert und das Watt knistert, präsentiert der 400 Meter weite Holzweg eine herausragende Aussicht. Den dauernden Wandel der Naturlandschaft an der Küste mit seinen wechselnden Wasserständen, sich verändernden Salzwiesen und der artenreichen Vogelwelt offenbaren wenige Orte so gelungen wie der Langwarder Groden. Was als Ausgleichsfläche für drei Großprojekte begann, hat sich zu einem Biotop mit »Meerwert« entwickelt. Den Kopf freibekommen funktioniert vor dieser Kulisse fantastisch – nicht zuletzt, weil dem Nordseebad eine exzellente Luftqualität bestätigt wird.

Heringsfilet, Rote Beete, Gewürzgurke und zwei Spiegeleier sind die Zutaten für »Labskaus Seemannsart«. Den norddeutschen Klassiker serviert die Gaststätte *Dat Havenhuus*.

15

**Höpkens Hof & Campingplatz**
Molkereistraße 64
26349 Jade
04734 9106833
www.moinurlaub.de

**Jaderpark**
Tiergartenstraße 69
26349 Jaderberg
04454 91130
www.jaderpark.de

# EIN BISSCHEN BULLERBÜ

## Höpkens Hof & Campingplatz

Freiheit und Unbeschwertheit verbindet man mit dem schwedischen Sehnsuchtsort Bullerbü, den die Autorin Astrid Lindgren in einer ihrer Kinderbuchreihen beschreibt. Da sind die Ferien für Zwei- und Vierbeiner scheinbar endlos. Ein ähnliches Gefühl erleben Besucher ganzjährig auf Höpkens Hof & Campingplatz. Direkt am Deich sorgt die naturnahe Freizeitanlage mit gelungenen Angeboten für glückliche Kinder und Hunde. Hier darf fröhlich gelacht oder gebellt werden!

Seit 2016 betreiben Martyn sowie Imke Trebert das idyllische Nordseedomizil mit großem Engagement und guten Ideen. Dazu gehören neben einem spannenden Spielplatz für die Kleinen oder sportlichen Gokarts für Jugendliche außerdem eine separate Hundewiese sowie ein professioneller Agility-Parcours. Dieser steht gegen eine geringe Gebühr auch unabhängig vom Urlaubsaufenthalt zur Verfügung. Ein weiteres Highlight für tierische Touristen sind die teilweise bis zu 110 Quadratmeter großen, abgezäunten Stellplätze für Wohnwagen und -mobile. Hier lässt sich die Auszeit vom Alltag ungestört genießen. Hunde jeglicher Art und Anzahl sind auf Höpkens Hof herzlich willkommen.

Daneben bieten feste Mieteinheiten für bis zu sechs Personen weitere Übernachtungsmöglichkeiten. In Ferienwohnungen, Gästezimmern, Landhauswagen, Holzhäuschen, Familien- oder Sternenzelten kann man es sich ganz nach Geschmack gemütlich machen. Die Versorgung sichern ein Kiosk sowie gemeinschaftliche Haushaltsgeräte. Wenn die hofeigenen Obstbäume reife Früchte tragen, darf sich ebenfalls jeder Gast bedienen. Auch außerhalb des Geländes gibt es viel zu entdecken. Auf nahen Feldwegen laufen Hunde leinenlos (allerdings nicht während der Brut- und Setzzeit vom 1. April bis 15. Juli) und das Wattbad Sehestedt wartet etwas mehr als einen Kilometer zu Fuß entfernt auf Besucher.

---

Den Tier- und Freizeitpark *Jaderpark* dürfen Hunde kostenlos und an der kurzen Leine zusammen mit ihren Menschen besuchen.

## 16

**Bollenhagener Moorwald**
Ausgangspunkt:
Straßenkreuzung
Middelreeg / Schulhelmer
26349 Jade

**Ferienhaus Gerdes**
Jungfernstraße 24
26349 Jade
04455 1394
www.nordsee-ferienhaus-gerdes.de

## BEGEGNUNGEN AUF BAUMHÖHE

Bollenhagener Moorwald

Besondere Einblicke erhalten Besucher im größten Waldgebiet der Wesermarsch. Dieses entstand in seiner heutigen Form als Ausgleichsfläche für Gewerbeansiedlungen am Jade-Weser-Port. Sorgfältig aufgeforstet und fußgängerfreundlich gestaltet, ist der Bollenhagener Moorwald mittlerweile ein beliebtes Ausflugsziel. Entlang idyllischer Wanderwege gibt es unter anderem mit Hilfe verschiedener Info-Tafeln einiges zu entdecken. An der Leine dürfen Hunde ihre Menschen durch das 120 Hektar große Naherholungsgebiet begleiten.

Vom Startpunkt an der Straße Middelreeg ist es nicht weit bis zum sogenannten *BollWerk*. In dem ehemaligen Bauwagen informiert eine kleine Ausstellung über die Entwicklung der Natur und des Projekts. Dazu finden unterschiedliche Veranstaltungen statt. Eine ungewöhnliche Perspektive gewährt der Baumkronenturm zwischen mehreren mächtigen Eichen. Die moderne Konstruktion des Baumhaus-Architekten Andreas Wenning führt über vier Ebenen zwölf Meter hoch hinauf bis ins Blätterdach. Die vielen Stufen sowie der Gitterboden sind für Vierbeiner ungeeignet, deshalb warten Hunde unten.

Von dort aus geht es gemeinsam weiter in den Moorwald, vorbei an typischen Gewächsen wie Birken oder Binsen. Unterwegs kann man auf Sitzgelegenheiten verweilen und den Blick schweifen lassen. Die im Gelände integrierten Skulpturen regionaler Künstler sind inmitten der urwüchsigen Landschaft teilweise gut getarnt. Manche der geheimnisvollen Gestalten haben einen geschichtlichen Bezug zum Moor. So sind die Holzfiguren aus der Werkstatt von Peter Schlicht historischen Schnitzereien nachempfunden, die Geister vertreiben sollen. Auf diese Weise lässt sich die Umgebung getreu dem Motto der Gemeinde Jade »ruhig und gemütlich« genießen.

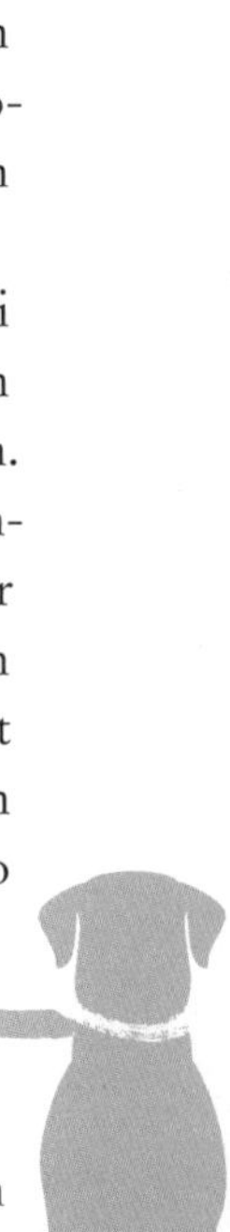

Das Ferienhaus Gerdes gehörte als Nebengebäude zu einem ehemaligen Bauernhof. In der liebevoll restaurierten Unterkunft können Zwei- mit Vierbeinern ländliche Idylle erleben.

# 17

**Beachclub Nethen**
Bekhauser Esch 170
26180 Rastede
04402 696250
www.hundestrand-nethen.de

# »HANG LOOSE« AM HUNDESTRAND

Beachclub Nethen

Wer fröhliche Fellnasen in Aktion erleben möchte, der ist im Naherholungsgebiet Nethen richtig. Hier gibt es ein außergewöhnliches Gelände, das Zwei- und Vierbeinern gemeinsame Strandmomente ermöglicht: Der bis zu 5.000 Quadratmeter große, komplett umzäunte Hundestrand befindet sich auf dem Areal des beliebten Beachclubs und ist einfach traumhaft. Im feinen Sand und klaren Wasser wird getobt, gebadet, gesonnt und geschlemmt. Das ist Karibikfeeling in Norddeutschland!

Von den kostenfreien Parkplätzen geht es direkt ins Paradies – für das eine kleine Eintrittsgebühr fällig ist. Zur Auswahl stehen Tages-, Saison- oder Jahreskarten für den bis Sonnenuntergang geöffneten Hunde-Hotspot. Unter Gleichgesinnten kann man sich in entspannter Atmosphäre herrlich die Zeit vertreiben. Neben dem weitläufigen Wasserzugang lockt ein separater Rasenplatz mit Agility-Parcours, eine »Hundetankstelle« sowie die überdachte Beachbar für Frauchen und Herrchen. Die Gastronomie serviert Klassiker wie Currywurst und saisonale Specials wie Glühwein. Für tierische Schlemmermäuler gehört im Sommer leckeres Hundeeis zum Angebot.

An dem waldgesäumten Baggersee, dessen Wasserqualität wöchentlich getestet wird, bestehen ein paar Regeln für ein harmonisches Miteinander. Entlang des gesamten Hundestrandes herrscht Ableinpflicht! Auf Spielzeuge oder Leckerlis sollte ebenfalls verzichtet werden. Aber die braucht hier auch kein Hund. Es ist spannend zu beobachten, wie große und kleine, junge und alte Vierbeiner miteinander agieren und so ganz natürlich ihr Sozialverhalten ausbauen. Stress gibt es auf dem gepflegten Terrain äußerst selten – dafür finden es alle viel zu schön. Für ergänzende Abwechslung sorgen interessante Events wie Stand-up-Paddling-Kurse, Fotoshootings oder die jährliche Messe *Rund um den Hund*.

Der Hundestrand im Beachclub Nethen hat auch online eine große Community und ist ein beliebtes Ausflugsziel für die Treffen von Hundeschulen, Vereinen, Züchtern oder Tierheimen.

# 18

**Pfotenfutter & Krallenkrams**
Königstraße 27a
26215 Wiefelstede-Leuchtenburg
04402 6951919
www.pfotenfutter-krallenkrams.de

**Kurhaus Dangast**
An der Rennweide 46
26316 Varel
04451 4409
www.kurhausdangast.de

## »Was darf es sein?«

Ladengeschäft *Pfotenfutter & Krallenkrams* in Leuchtenburg

Klassisches Rinderfilet, saisonale Rehkeule oder feine Geflügelbrust? Bei den frischen Angeboten des umfangreichen Fleischsortiments läuft tierischen Feinschmeckern das Wasser im Maul zusammen. Für die artgerechte Hundeernährung mit rohem Fleisch und Knochen ist das Ladengeschäft *Pfotenfutter & Krallenkrams* eine bewährte Adresse. Sabine von Knobloch sowie ihr kompetentes Team beraten und bedienen ebenso sachkundig wie familiär. Viele Kunden kennen sie vom Welpen bis zum Senior, samt individueller Vorlieben oder gesundheitlicher Besonderheiten. Wenn es den Vierbeinern gut geht, sind die Zweibeiner glücklich!

Verantwortungsvolle Fütterung beginnt für den versierten Fachhandel bei qualitativ hochwertigen Rohstoffen. Diese stammen aus regionalen Schlachthöfen und von Tieren, die auch für den menschlichen Verzehr vorgesehen sind. Die wertvollen Erzeugnisse werden dort zeitnah abgeholt und sorgfältig zubereitet. Durchschnittlich 40–60 verschiedene Produkte versprechen Rohgenuss in vielfältiger Form – ganz, geschnitten, gewolft, gemischt oder pur. Beschriftete Tafeln stellen an der Fleischtheke im Geschäft den grünen Pansen oder andere Spezialitäten vor, die man in so unverfälschter Form nur noch selten zu Gesicht bekommt. Zuhause landen die Leckereien direkt im Napf oder werden auf Vorrat eingefroren. Für individuell abgestimmte Mahlzeiten gibt es bei *Pfotenfutter & Krallenkrams* die richtigen Nahrungsergänzungen.

Zum hochwertigen Sortiment gehören – neben haltbarem und hübschem Zubehör – auch gesunde Snacks sowie Frost-, Dosen- oder Trockenfutter von ausgewählten Anbietern und der Hausmarke *Pfotissimo*. Selbstverständlich sind Hunde im Laden herzlich willkommen und erhalten eine Kostprobe. Außerhalb der Öffnungszeiten sichert ein genialer Futterautomat vor der Filiale die Grundversorgung.

---

Der im Restaurant und Café *Kurhaus Dangast* warm servierte Rhabarberkuchen sowie die unkonventionelle Atmosphäre sind Kult.

19

**Cats & Dogs – artgerecht leben**
Eisenstraße 4
26215 Wiefelstede
04402 8635874
www.artgerechtleben.de

**Cats & Dogs – artgerecht reisen**
Eisenstraße 4+12
26215 Wiefelstede
04402 9894984
www.artgerecht-reisen.de

# NATÜRLICH NACHHALTIG

Futterlädchen *Cats & Dogs – artgerecht leben*

Ein Lächeln gibt es gratis und dazu das geballte Fachwissen von Tierernährungsberaterin Tina Messjetz. Die sympathische Expertin ergänzt die Theorie durch das passende Sortiment aus dem Futterlädchen *Cats & Dogs – artgerecht leben*. Hier finden Frauchen und Herrchen alles, um ihre Vierbeiner verantwortungsbewusst zu versorgen. Dass bei den vielfältigen Produkten möglichst auch Regionalität sowie Nachhaltigkeit eine Rolle spielen, überzeugt doppelt.

Die umfangreiche Bandbreite an tiefgefrorenem BARF-Fleisch, Innereien oder Knochen kommt größtenteils aus der unmittelbaren Umgebung. Kurze Transportwege sollen für Frische sorgen und das Klima schonen. Zum Wohl der tierischen Kunden ist die Nahrung frei von künstlichen Zusätzen. Das gilt ebenfalls für die erhältlichen Pur- und Menüdosen. So landet reine Natur im Napf – diesen gibt es sogar aus biologisch abbaubarem Material.

Auch Zubehör und Hundeausstattung gehören zum Angebot. Gute Qualität ist hier gleichermaßen entscheidend wie der persönliche Geschmack. Hübsche Halsbänder und Leinen gefallen in vielen Ausführungen oder als Maßanfertigungen. Praktisch und persönlich sind obendrein die Futtertaschen mit Wunschfarbe und Beschriftung.

Letztere füllt man an der buntgemischten »Bar«, denn in Holzkörben oder Jutebeuteln wartet eine gesunde Snack-Auswahl auf glückliche Schlemmermäuler. Durch exotische Delikatessen vom Kamel oder Känguru werden spezielle Ansprüche allergischer Hunde erfüllt. Für die natürliche Unterstützung bei gesundheitlichen Beschwerden stehen sinnvolle Nahrungsergänzungen zur Verfügung. Und wenn es mal juckt, versprechen biologische Pflegemittel schonenden Schutz vor lästigen Parasiten. Den hilfreichen Service vor Ort komplettiert der Lieferdienst. Größere Einkäufe werden bis nach Hause oder zur Ferienunterkunft gebracht.

Mit *Cats & Dogs – artgerecht reisen* gehört zudem eine vierbeinerfreundliche Wohnmobilvermietung zum Unternehmen.

20

**Kräuterkörbchen**
Gartenstraße 3
26689 Apen-Tange
04489 4048303
www.kraeuter-fuer-alle-sinne.jimdo.com

**Fehntjer Tiernahrung**
Feldweg 41
26689 Apen-Augustfehn
04489 4048620
www.fehntjer-tiernahrung.de

## DER NATUR AUF DER SPUR

Streifzug mit dem *Kräuterkörbchen* ab Tange

Wer hat sich beim Spaziergang mit seinem Hund schon mal gefragt, was da am Wegesrand wächst und ob man es vielleicht sogar essen kann? Die zertifizierte Kräuterpädagogin Yvette Kühl weiß, dass es sich bei manchem sogenannten Unkraut um eine gesunde Delikatesse handelt. Auf vielfältige Weise vermittelt die Fachfrau wertvolles Wissen über das wilde Grün. Ihr Unternehmen *Kräuterkörbchen* befindet sich inmitten eines idyllischen Gartens. Dieser dient als reichhaltige Speisekammer für die Zutaten der Kochkurse, Seminare oder Shop-Produkte wie Pesto, Sirup und Chutney.

Auch die zum Haushalt gehörenden Lagotto-Romagnolo-Hündinnen Mayla und Vika sind Feinschmecker – sie genießen die kulinarische Abwechslung durch heimische Wildkräuter. Nach Anmeldung macht sich Yvette Kühl mit anderen Hundehaltern zu zweit oder in der Gruppe auf den Weg und erklärt im Rahmen von circa einstündigen Wanderungen, welche natürlichen Nährstoffe künftig den eigenen Teller und Hundenapf bereichern können. Wie wäre es zum Beispiel mit Giersch oder Gänseblümchen?

Die erntereichen Exkursionen sollen neue Sichtweisen eröffnen und das Bewusstsein für die Umgebung schärfen, um ihr mit allen Sinnen zu begegnen. Das fällt bei der herrlichen Landschaft im Ammerland nicht schwer. Wer mag, bleibt länger und quartiert sich mit bis zu zwei Hunden in der zum *Kräuterkörbchen* gehörenden Ferienwohnung *Wegwarte* ein. Das gesamte Grundstück ist sicher umzäunt – auf der anderen Seite wartet die ostfriesische Weite. Hell und freundlich eingerichtet, macht das charmante Domizil den Start in den Urlaub mit einer Begrüßung inklusive Leckerei für Zwei- und Vierbeiner perfekt. Eine Mappe mit zusammengestellten Ausflugstipps sowie praktische Hundehandtücher sind ebenfalls vorhanden.

Hochwertiges BARF- und Nassfutter zur selbstgesammelten Kräuter-Beilage gibt es bei der nahen Produktionsstätte der Fehntjer Tiernahrung – samstags mit Werksverkauf.

## 21

**Rhododendronpark Hobbie**
Alpenrosenstraße 7
26655 Westerstede-Petersfeld
04488 2294
www.hobbie-rhodo.de

**Ammerländer Landschlachterei Scheuten**
Wilhelmshavener Straße 271
26180 Rastede / Hahn-Lehmen
04402 7244
www.ammerlaender-landschlachterei.com

# GASSI IM GARTEN EDEN

## Rhododendronpark Hobbie bei Petersfeld

Wenn Chuck seine Familie zur Arbeit begleitet, betritt der Deutsch-Langhaar-Rüde ein Revier aus zigtausend Rhododendren. In dritter Generation hegen und pflegen Birgit und Volker Hobbie ihren zauberhaften Landschaftspark. Mit 70 Hektar Gesamtfläche ist er der größte seiner Art in Deutschland und laut Fachleuten einer der schönsten in Europa. Hier gedeihen prächtige Rhododendronpflanzen in allen Farben und Formen. Während der Blüte (circa von April bis Juni) erleben Besucher eine paradiesische Kulisse. Nur zu dieser Zeit erhebt die ganzjährig geöffnete Privatanlage eine Eintrittsgebühr.

Angeleint dürfen Hunde mit ihren Menschen auf dem mehr als zehn Kilometer umspannenden Wegenetz über das weitläufige Gelände spazieren. Den perfekten Überblick erhält man entlang des ausgeschilderten Rundwegs, der in einer bis anderthalb Stunden an den Highlights vorbeiführt: unter anderem an einem Schau-, Wild- und Azaleengarten sowie der malerischen Teichanlage. Ein Waldlehrpfad für Kinder und Erwachsene gehört ebenfalls dazu. Am *Pfad der Stammschönheiten* begegnet man besonders alten oder skurril wachsenden Arten. Beeindruckend ist auch die Atmosphäre auf den verschlungenen Gängen, die unter bis zu zehn Meter hohen, baumartigen Rhododendren im kompletten Park verborgen sind.

Nach der botanischen Exkursion kann man sich während der Saison in der lichtdurchfluteten Orangerie sowie dem gemütlichen Park-Café kulinarisch stärken. Trinknäpfe stehen für vierbeinige Gäste zur Verfügung. Und wer nicht nur hübsche Fotos mit nach Hause nehmen möchte, hat vor Ort die Möglichkeit, aus einem Teil des fast 600 Rhododendronarten bietenden Sortiments der betriebseigenen Baumschule seine Lieblingspflanze zu erwerben. So wächst das 1928 gegründete Lebenswerk von Dietrich Gerhard Hobbie inzwischen auf der ganzen Welt weiter.

Unterwegs in der Region empfiehlt sich ein Besuch der Ammerländer Landschlachterei. Hier gibt es die bekannte Schinkenspezialität – und gerne auch eine Kleinigkeit für den Hund.

# FRIESLAND MIT WILHELMSHAVEN

22

**FeWo NordSeeHund**
Alter Warf 2
26316 Varel
0176 78012438
www.fewo-nordseehund.de

**Moni's Hundehütte**
Am Glockenturm 4
26345 Bockhorn
04453 4891406
www.monis-
hundehuette.de

# Ein zweites Zuhause

Ferienwohnung *FeWo NordSeeHund*

Aila ist eine Border-Collie/Harzer-Fuchs-Hündin und die Namensgeberin der von Familie Lohmeyer geführten Ferienwohnung, die zur Dachmarke *FeWo NordSeeHund* gehört. Denn im Herzen der friesischen Kleinstadt Varel kann man nicht nur Urlaub mit, sondern auch für den Hund machen! Die Unterkunft der (tier-)freundlichen Gastgeber – zu deren Rudel zudem Beagle Cooper gehört – bietet alles, was man sich für den Aufenthalt in vierbeiniger Begleitung wünscht. In einer verkehrsberuhigten Straße befindet sich das moderne Zweifamilienhaus, dessen gesamtes Erdgeschoss den Bewohnern der *FeWo Aila* zur Verfügung steht. Bis zu vier Personen und drei Hunde können ihre Auszeit an der Nordsee hier genießen.

Damit Menschen und Tiere das zweite Zuhause unbeschwert nutzen können, gibt es extra auf den Hundeurlaub abgestimmte Annehmlichkeiten. Eine hübsche und komfortable Einrichtung, zu der neben Futter- und Wassernäpfen auch hygienische Plastikkörbchen in drei Größen zum Bestücken mit eigenen Decken gehören. Der 300 Quadratmeter umfassende Garten ist sicher eingezäunt und dank gemütlicher Aufenthaltsbereiche ein gern genutzter Rückzugsort. Nach einem Abstecher ins Watt ermöglicht die Warmwasserdusche mit Bürsten und pH-neutralem Shampoo eine schonende Pflege schlammiger Vierbeiner.

Für die Stunden im hauseigenen Strandkorb steht eine Auswahl an Hundebüchern bereit. Außerdem gibt Wübke Lohmeyer gerne Tipps für abwechslungsreiche Ausflüge. Der Stadtwald beispielsweise ist nur fünf Gehminuten entfernt und für stimmungsvolle Momente sorgt der Spaziergang entlang des Vareler Hafens. Ebenfalls fußläufig findet man diverse Einkaufs- und Gastronomieangebote. Schöne Städte oder Strände sind mit dem Auto schnell zu erreichen. Nicht ohne Grund nutzen viele Gäste die Angebote von *FeWo NordSeeHund* immer wieder!

Nur zehn Autominuten von der Ferienwohnung entfernt, gibt es ein hervorragendes Angebot an Nahrung und Zubehör aus dem Fachhandel *Moni's Hundehütte*.

23

**Neuenburger Urwald**
Ausgangspunkt: Parkplatz
Urwaldstraße
26340 Zetel-Neuenburg

**Urwaldhof**
Urwaldstraße 59
26340 Zetel-Neuenburg
04452 1860
www.urwaldhof-friesland.de

# EIN ORT FÜR HUNGRIGE MÄULER

Neuenburger Urwald

Wer eine Expedition durch den Dschungel wagen möchte, ist im norddeutschen Flachland genau richtig. Auf dem Gebiet der Friesischen Wehde (hochdeutsch: Wald) befindet sich die rund 50 Hektar umfassende Naturschutzzone Neuenburger Urwald. Aufgrund der besonderen und artenreichen Vegetation handelt es sich um einen natürlichen Lebensraum, der in Europa nur noch selten zu finden ist. Die Wurzeln reichen zurück bis ins Mittelalter und zur ursprünglichen Nutzung als Hudewald (Waldweide für bäuerliches Vieh). Nur widerspenstige oder unbekömmliche Pflanzen waren vor den gefräßigen Nutztieren sicher und dichtes Unterholz konnte kaum entstehen. So erhielt das Gelände seine typische, offene Struktur.

1917 wurde die Beweidung beendet und die Urwaldentwicklung begann. Ohne wirtschaftliche Eingriffe konnte sich ein beeindruckender Baumbestand mit bizarren Totholzformationen entwickeln. Die urige Umgebung bietet unverfälschte Bedingungen für eine artenreiche, teilweise gefährdete Tier- und Pflanzenwelt. Diese können Naturfreunde auch in Begleitung ihrer angeleinten Hunde erkunden. Zu diesem Zweck angelegte Wege sind nach einem übersichtlichen Knotenpunktsystem miteinander verbunden, das individuelle Spaziergänge ermöglicht. Ein Abstecher zur bis 1988 bewirtschafteten Jagdhütte sollte dabei nicht fehlen.

Übrigens schickt das historische Waldgebiet auch heute keinen Besucher hungrig heim. Das Restaurant und Café *Urwaldhof* liegt am gut sechs Kilometer langen Rundweg oder ist für Bequeme direkt vom Parkplatz aus zu erreichen. Der *Urwaldhof* serviert eine regionale Spezialität: Die Friesentorte aus hauseigener Herstellung mit Mürbe- und Blätterteig, Schlagsahne und Pflaumenmus schmeckt unschlagbar! Hunde sind im Innen- und Außenbereich willkommen, ebenso steht ein Trinknapf bereit.

Bei der Jagdhütte liegen die Reste der 800 Jahre alten Dreheiche. Ein berühmtes Wahrzeichen des Neuenburger Urwalds, das 2014 einem Sturm zum Opfer fiel.

# 24

**Moving Dogs**
Spolsener Moorstraße 10
26340 Zetel
0178 2126503
www.moving-dogs.net

**Beach Cruiser Dangast**
Edo-Wiemken-Straße 54
26316 Varel-Dangast
04451 9183360
www.e-dangast.de

## WÜNSCH DIR WAS …

### Hundespielplatz *Moving Dogs*

Gelangweilt von lieblos angelegten Freilaufflächen, beschloss Jörn Eilers einen eigenen Wohlfühlort für seine geliebten Vierbeiner und andere Hundefreunde zu erschaffen. Abwechslungsreich für die Fellnasen und angenehm für deren Familien, mit fachkundiger Betreuung sowie gastronomischem Angebot. *Moving Dogs* sorgt für Quality-Time auf dem »HundeTollPlatz«!

Zu wechselnden Zeiten ist die gepflegte Fläche für unterschiedliche Besucher geöffnet. Neben dem gemeinsamen Spieltreff für alle steht auch »Großer Spaß für kleine Hunde« auf dem Stundenplan. Ein harmonisches Miteinander fördert das *Moving-Dogs*-Team durch erfahrene Mitarbeiter, die das Geschehen auf dem Platz entspannt gestalten. So können Halter und Hunde in einem separaten Bereich warten, bis sie sich ins Getümmel stürzen. Damit sich keiner vertritt, gilt ein generelles Buddelverbot. Spielzeuge kommen nur nach vorheriger Absprache zum Einsatz. Auf diese Weise dürfen bis zu 20 Vierbeiner gleichzeitig das gut 7.000 Quadratmeter große und 1,80 Meter hoch umzäunte Gelände erkunden. Da wird über die Wiese gesprintet, auf den Hügel geklettert oder im Teich geplanscht.

Während die Hunde herumtollen, machen es sich die Menschen an den – teilweise überdachten – Sitzgelegenheiten gemütlich. Je nach Jahreszeit schmecken dazu die kalten oder warmen Getränke und Snacks aus dem kleinen Café. Auch ein Parkplatz, Kinderspielgeräte sowie Toilettenhäuschen gehören zum Service. Dafür erhebt *Moving Dogs* eine kleine Eintrittsgebühr, die nach Anzahl der Tiere kostengünstig gestaffelt ist. In beschaulicher Feldrandlage kann die etwas andere Freilauffläche selbst für private Veranstaltungen gebucht werden. So finden hier zum Beispiel fröhliche Hundegeburtstage, Tierschutztreffen und sogar Hochzeitsfeiern samt Vierbeinern statt.

Nach dem Toben am Jadebusen cruisen? *Beach Cruiser Dangast* verleiht Fahrräder in diversen Varianten sowie passende Hundeanhänger.

25

**Nordwestdeutsches Schulmuseum**
(Geöffnet von April–Oktober)
Wehdestraße 97
26340 Zetel
04453 1381
www.schulmuseum.de

## EINE EINS IN GESCHICHTE

Nordwestdeutsches Schulmuseum

Ganz schön streng ging es damals zu. Wenn die Museumsbesucher mit Kittelschürze, Matrosenkragen und Holzschuhen ausgestattet zur historischen Unterrichtsstunde antreten, spitzen auch die im Gebäude erlaubten Hunde ihre Ohren. Die Atmosphäre tut ihr Übriges, aufmerksam lauschen die »Schüler« dem Lehrkörper. In dem original erhaltenen Klassenzimmer aus dem Kaiserreich um 1910 können Gruppen nach vorheriger Anmeldung eine Zeitreise wagen. Hier darf mit einem Griffel auf der Schiefertafel oder mit Feder und Tintenfass in den Heften gearbeitet werden – aber nur in Schreibschrift!

Das älteste eigenständige Schulmuseum Deutschlands bietet spannende Einblicke in den Alltag einer Landschule von 1900 bis Anfang der 1970er-Jahre. Stets mit der Möglichkeit, vieles selbst auszuprobieren. Der ehrwürdige Komplex der ehemaligen Volksschule Bohlenbergerfeld beherbergt – neben einem weiteren authentischen Klassenraum aus den 50ern – Dauer- und Wechselausstellungen. Seit der Museumsgründung 1978 ist eine beeindruckende Sammlung seltener als auch skurriler Exponate entstanden. Dazu gehören alte Landkarten, Schulwandbilder und Schaukästen ebenso wie typische Schulranzen, Spielzeuge und Turngeräte.

Während der Saison kann man jeden Samstag und Sonntag (oder nach Absprache) gegen einen geringen Eintritt das ländliche Lernen erleben. Hunde besuchen die Bildungseinrichtung kostenlos. Die große Anlage verspricht abwechslungsreiche Gestaltungsmöglichkeiten für den ganzen Tag. So vermittelt beispielsweise das Naturerlebnishaus Wissenswertes über die heimische Flora und Fauna. Das malerische Museumscafé ist dank seines gemütlichen Gartens die perfekte Pausenstation. Zu den regulären Öffnungszeiten gibt es hier ein feines Angebot an Kuchen und Getränken. Mit Termin werden Gruppen auch flexibel bewirtet.

An einer der schönsten Fahrradrouten im Landschaftsstrich der Friesischen Wehde gelegen, ist das Museumscafé auch unabhängig vom Ausstellungsbesuch eine willkommene Einkehrmöglichkeit.

26

**Plattdeutscher Lehrpfad**
Ausgangspunkt: Parkplatz am Nordwestdeutschen Schulmuseum
Wehdestraße 97
26340 Zetel
www.schulmuseum.de

**Dat Ole Tetke Hus**
Wiesenstraße 5
26340 Zetel-Neuenburg
0171 3340005
www.fewo-friesland.de

## DIE FÜSSE PLATT LAUFEN

### Plattdeutscher Lehrpfad

»Moin« – so begrüßt man sich in Ostfriesland zu jeder Tageszeit. Es wird vermutet, dass sich das Wort vom Niederländischen »mooi« (schön) ableitet und ganz simpel »schönen Tag« bedeutet. Plattdeutsch ist seit etwa 1400 die Volkssprache entlang der niedersächsischen Nordseeküste. Hier findet man zahlreiche Ortsdialekte, die trotz unterschiedlicher Aussprache und Begriffe eines gemeinsam haben: das Diminutiv (die Verkleinerungsform). So wird zum Beispiel aus dem hochdeutschen Hund ein niederdeutsches »Hundje«. Auch wenn Platt hierzulande noch relativ populär ist, hört man die traditionelle Mundart im Alltag jedoch immer weniger.

Eine großartige Verbindung zwischen Natur und Kultur ist mit dem Plattdeutschen Lehrpfad in Zetel entstanden. Der spannende Spazierweg beginnt knapp 200 Meter vom Nordwestdeutschen Schulmuseum entfernt und führt auf der gegenüberliegenden Straßenseite rund zwei Kilometer durch den Fuhrenkämper Wald. Am besten parkt man das Auto am Schulmuseum und holt sich dort direkt zum Start eine der kostenlosen Postkarten. Auf dieser kann ein plattdeutsches Lösungswort eingetragen werden, das sich durch unterschiedliche Rätselfragen – bei denen verschiedene Antwortmöglichkeiten vorgegeben sind – im Verlauf des Weges offenbart.

Der »Plattdüütsche Lehrpadd« kostet ganzjährig keinen Eintritt. Hunde laufen auf dieser schönen Strecke sicher an der Leine, auch damit die Menschen so in Ruhe alle Informationen der 21 bebilderten Tafeln studieren können. Diese sind auf Platt- sowie Hochdeutsch geschrieben und verraten vieles über die friesische Flora und Fauna. Hier freut sich die ganze Familie über den Wortwitz der plattdeutschen Sprache und kriegt »een Gaföhl dofför, wat de Natur all antobeen hett« – na, verstanden?

Nur fünf Autominuten entfernt wohnen Gäste in Begleitung von Hund, Katze und sogar Pferd auf der historischen Anlage des Ferienhofs *Dat Ole Tetke Hus* (Das alte Tetke-Haus).

# 27

**Huntsteert**
Zum Huntsteert
26419 Schortens
0176 56747777
www.leinenlos-friesland.de

**Forsthaus Upjever**
Krongutsallee 54
26419 Schortens
04461 80033
www.forsthaus-upjever.net

# LEINEN LOS!

## Hundefreilauffläche *Huntsteert*

Für Hunde ist ein ungehinderter Sozialkontakt zu Artgenossen im öffentlichen Raum zwischen Spaziergängern und Straßenverkehr oft nicht möglich. Zum Glück gibt es Gelände wie das *Huntsteert*, die sich genau das zum Ziel gesetzt haben. Aus dem Nieder- ins Hochdeutsche übersetzt, bedeutet der Name »Hundeschwanz« – und dieser beginnt meist freudig zu wedeln, wenn sich hinter dem hohen Holztor die Leine löst. Eine acht Hektar große Freilauffläche steht Zwei- mit Vierbeinern ganzjährig gratis zur Verfügung. Entlang idyllischer Wege und am Wasser können freundliche Fellnasen das Leben auf ihre Weise genießen.

Zu verdanken haben Hunde den für ihre Bedürfnisse geschaffenen Bereich der regionalen Vereinigung *Leinen los in Friesland*, die das Projekt initiiert hat und instand hält. Das von der Stadt Schortens zugeteilte Revier wurde im Jahr 2012 sorgfältig umzäunt und sinnvoll gestaltet – finanziert unter anderem durch Spenden sowie Beiträge der Vereinsmitglieder. Diese säubern und sanieren die parkähnliche Anlage durchgehend, damit sich alle Anwesenden wohlfühlen. Zur *Huntsteert*-Hausordnung gehört auch gegenseitige Rücksichtnahme. Mit der Leine gibt man nicht gleichzeitig die Kontrolle über und Verantwortung für seinen Gefährten ab. Wer zu zweit trainieren möchte, soll dazu ebenso die Möglichkeit haben, wie sich mit mehreren im Rudel zu tummeln.

Freilaufflächen wie diese sind in Friesland deshalb wichtig, weil im gesamten Bundesland Niedersachsen während der sogenannten Brut- und Setzzeit eine strenge Leinenpflicht in freien Landschaften gilt. Vom 1. April bis 15. Juli soll auf diese Weise der Nachwuchs von Wildtieren wie Rehen oder Hasen vor neugierigen Hunden geschützt werden. Gefahrloser trifft man sich deshalb auf geeignetem Gebiet zur Gassirunde unter Gleichgesinnten.

Mitten im Wald werden hungrige Wanderer durch die regionalen und saisonalen Speisen der Gaststätte *Forsthaus Upjever* versorgt.

28

**Langsamstraße**
Ausgangspunkt:
Accumer Straße / Ecke
Langsamstraße
26419 Schortens

**Café Suutje**
(Geöffnet von Mai–
September)
Barkel 100
26419 Schortens
04423 9149898
www.lebensweisen-
schortens.de

## Wandel im Wunderland

Erlebnis- und Verweilstationen auf der *Langsamstraße*

Wie aus einer anderen Welt wirkt dieser Weg mit meterhohen Kunstblumen oder Steinmosaiken. Über einen Kilometer kennt die Fantasie auf der *Langsamstraße* keine Grenzen. Hinter jeder Kurve wartet eine kreative Überraschung. Dafür sorgt unter anderem der von den Angehörigen behinderter Menschen gegründete Verein *Lebensweisen Schortens*. Seit 2012 gestaltet dieser gemeinsam mit Künstlern und Auszubildenden eine der »schönsten Straßen Deutschlands«. Das Projekt wurde bereits mit mehreren Preisen ausgezeichnet.

Die Strecke genießt man am besten zu Fuß oder per Fahrrad. Sie steht zwei- sowie vierbeinigen Besuchern jederzeit kostenfrei zur Verfügung und schlängelt sich friedlich durch die friesische Landschaft. Gesäumt wird das besondere Ausflugsziel von liebevoll angelegten Erlebnis- und Verweilstationen für die ganze Familie. Zum Beispiel von einem großen Gedächtnisspiel aus wetterfesten Tontafeln. Auch die glänzenden Fliesen der bunten *Windrose* darf man berühren, oder am *Schlauen Pilz* selber eine Notiz befestigen. Für eine gemütliche Pause bietet sich das *Wohnzimmer mit Ausblick* an – dort wechselt die Tischdekoration je nach Jahreszeit.

Das Erscheinungsbild der *Langsamstraße* verändert sich ständig und lässt alle Passanten an seinem Wandel teilhaben. Ein Ort der Begegnung ist auch das Café Suutje auf dem angrenzenden Gelände mit Wohnanlage und Werkstatt. In der kleinen Gastronomie gibt es selbstgebackene Torten sowie kalte oder warme Getränke. Liebe Hunde sind als Gäste herzlich willkommen. Bedient wird von Servicekräften mit oder ohne Behinderung und unter dem Motto »immer man suutje«. Das bedeutet auf Hochdeutsch so viel wie »immer mit der Ruhe«. In dem wundervollen Ambiente, das die Menschen am Barkeler Busch geschaffen haben, bewegt man sich wie außerhalb von Raum und Zeit. Wer Entschleunigung sucht, wird hier fündig.

Als offizielles Besuchshundeteam zum Beispiel Menschen mit Behinderung eine Freude bereiten? Entsprechende Schulungen bietet unter anderem die Hilfsorganisation *Arbeiter-Samariter-Bund* an.

29

**Kaiser-Wilhelm-Brücke**
Ausgangspunkt: Parkplatz
an der Brücke
Südstrand
26382 Wilhelmshaven

**Teehäuschen Café**
Südstrand 119
26382 Wilhelmshaven
04421 43981

## EIN ORT MIT ST(R)AHLKRAFT

### Von der Kaiser-Wilhelm-Brücke zum Molenfeuer

Mit der imposanten Kaiser-Wilhelm-Brücke und dem industriellen Hafen vereint die Nordseemetropole ihre beiden Wahrzeichen im Namen. Man könnte meinen, dass der Standort von Deutschlands größtem Marinestützpunkt keine besonders einladende Gegend wäre. Weit gefehlt, denn gerade diese Kulisse macht den Charme der kontrastreichen Küstenstadt aus. Ein Spaziergang mit dem Hund vom Südstrand zum Deich zeigt Wilhelmshaven von einer seiner schönsten Seiten.

Wenn sich die zweiflügelige Straßendrehbrücke für vorbeifahrende Schiffe öffnet, sorgt das bei Touristen jedes Mal für Staunen. Früher waren sechs Mann nötig, um die 1907 in Betrieb genommene Kaiser-Wilhelm-Brücke zu bedienen. Mit einer Länge von 159 Metern und einer Masse von 440 Tonnen ist der von 2010–2013 sanierte Stahlkoloss eine sensationelle Erscheinung – und auch beleuchtet zu den Abend- und Nachstunden ein beliebtes Motiv. Die prägnante Sehenswürdigkeit ist der perfekte Startpunkt für einen Streifzug entlang der angrenzenden Promenade am Südstrand. Auf der einen Seite gibt es Gastronomie und Geschäfte, auf der anderen Seite das Schauspiel der Gezeiten. Den lebhaften Fußgängerbereich besuchen Vierbeiner noch an der Leine, doch der Nassauhafen ist schon in Sicht.

Auch die Brücke an diesem Standort existiert seit mehr als 100 Jahren. Sie liegt auf Schwimmkörpern und bewegt sich synchron mit Ebbe und Flut. Ab hier wird der Weg ruhiger und Hunde dürfen an der langen Leine laufen – Weite und Wiesen wollen erschnüffelt werden. Schließlich taucht am Horizont die alte Nordmole auf. Das historische Leuchtfeuer markiert den Wendepunkt der bis dahin gut 30-minütigen Wanderung. Auf selber Strecke geht es wieder retour. Damit Spaziergänger unterwegs nicht das Nachsehen haben: vorab die Gezeiten prüfen und winddichte Kleidung einpacken.

---

Gemütlich und hundefreundlich gestaltet sich eine Pause im Teehäuschen Café. Bratwurst von freilaufenden Deichschweinen gehört zu den saisonalen Spezialitäten.

30

**UNESCO-Weltnaturerbe Wattenmeer Besucherzentrum**
Südstrand 110b
26382 Wilhelmshaven
04421 910733
www.wattenmeer-besucherzentrum.de
www.schweinswaltage.de

**Tourist-Information**
Ebertstraße 110
26382 Wilhelmshaven
04421 913000
www.wilhelmshaven-touristik.de

## ERLEBNISSE AUF ALLEN EBENEN

*UNESCO-Weltnaturerbe Wattenmeer Besucherzentrum*

Das ehemalige Torpedolagerhaus führt seine Besucher über vier Etagen durch die spektakulären Wasser-, Land- und Luftwelten an der Nordseeküste. Wer das aufwendig sanierte *UNESCO-Weltnaturerbe Wattenmeer Besucherzentrum* betritt, kommt aus dem Staunen nicht mehr heraus. Das gilt für Zwei- ebenso wie für Vierbeiner, denn auch Hunde sind in dem modernen Naturerlebniszentrum herzlich willkommen. Direkt am Eingang der Ausstellung gibt es ein paar dicke Knochen – allerdings nur zum Anschauen! Das 14 Meter lange Original-Skelett eines Pottwals ist gigantisch, aber nur eines der vielfältigen Exponate, dank derer man im Erdgeschoss in die geheimnisvollen Tiefen des Meeres abtaucht.

Interaktive Lernelemente, Filme, Hörstationen sowie Spiele vermitteln die Lebensvielfalt der niedersächsischen Nordseeküste in all ihren Facetten. Zum Beispiel, wenn ein Stockwerk höher beim Mikroskopieren der Wattboden unter die Lupe genommen wird oder der begehbare Salzwiesenpfad die tierischen und pflanzlichen (Über-) Lebenskünstler hautnah vorstellt. Dem Himmel ganz nah kommen Gäste im Reich der Zugvögel. Dort begleiten sie rekordverdächtige Langstreckenflieger entlang ihrer abenteuerlichen Routen zwischen Brutgebiet und Winterquartier. Von der umlaufenden Dachterrasse aus reicht der Blick bis aufs Meer und man erhält ein kleines Gefühl für die große Weite des Weltnaturerbes Wattenmeer.

Emotionale Augenblicke ereignen sich im Gebäudeinneren auf dem ausgestellten Krabbenkutter *Daggi*. An Deck der maritimen Attraktion darf – ohne dafür in See stechen zu müssen – geheiratet werden. Wer mag, feiert direkt im hauseigenen Veranstaltungssaal. Natürlich stehen beim *Wattenmeer Besucherzentrum* außerdem Naturerlebnisveranstaltungen wie Strandexkursionen oder Seehundfahrten auf dem Programm. In Wilhelmshaven gibt es bei jedem Wetter »Watt« zu entdecken!

---

Von April bis Mai machen jährlich zahlreiche Schweinswale den Jadebusen zu ihrer Bühne. »Whale Watching« ist ein unvergessliches Erlebnis, sowohl vom Land als auch vom Schiff aus!

# 31

**Pfoten-Bar Wilhelmshaven**
Freiligrathstraße 179
26386 Wilhelmshaven
0160 93513948
www.pfoten-bar.de

**Bootshaus am Stadtpark**
Neuengrodener Weg 18
26386 Wilhelmshaven
04421 5088477
www.bootshaus-wilhelmshaven.de

## SCHATZTRUHEN FÜR SCHLEMMERMÄULER

Pfoten-Bar Wilhelmshaven

Die Bezeichnung BARF stammt aus dem Englischen und bedeutet so viel wie »Bones and Raw Foods« (Knochen und rohe Nahrungsmittel). Diese Form der Hundefütterung gilt als besonders artgerecht und ermöglicht es, die einzelnen Zutaten auf die Bedürfnisse des Tieres abzustimmen. Sarah Kramer verfügt als zertifizierte Ernährungsberaterin über umfangreiches Fachwissen und bietet mit ihrer Pfoten-Bar Wilhelmshaven ein entsprechendes Sortiment.

Das gepflegte Ladengeschäft ist ein Traum für Tiefkühl-Fans: Truhe an Truhe, vollgepackt mit der ganzen BARF-Bandbreite. Überwiegend von regionalen Lieferanten und nach hauseigenen Rezepturen gibt es erstklassige Frostwaren pur oder als praktische Menüs fertig zusammengestellt. Unter anderem den bei Welpen beliebten Geflügelschmaus, das für Allergiker geeignete Känguru-Ragout sowie den frischen Küstenmix. Aus vielen Fleischsorten, Innereien und Knochen können außerdem eigene Mahlzeiten für tierische Feinschmecker kreiert werden. Damit jede Ration ausgewogen ist, gehören auch wichtige Ergänzungen wie kaltgepresste Omega-Öle zum Angebot.

Für den gesunden Genuss verwöhnt die Pfoten-Bar ihre vierbeinigen Kunden mit feinen Leckerlis oder luftgetrockneten Kauartikeln. Alle Produkte sind selbstverständlich frei von künstlichen Farb-, Aroma- und Konservierungsstoffen. Eine außergewöhnliche Delikatesse ist spezielles Hunde-Eis in köstlichen Kombinationen à la Hirsch mit Himbeeren. Damit man bei diesen kulinarischen Verlockungen auch das Gewicht der Gourmets im Blick behält, steht im Geschäft eine Waage bereit. Für einen gelungenen Auftritt werden darüber hinaus hübsche Halsbänder plus Leinen aus Paracord in unterschiedlichen Farben, Mustern sowie mit Verzierungen angefertigt. Zur Zeckenabwehr können etwa qualitativ hochwertige EM-Keramik-Elemente eingeflochten werden.

In der größten Grünanlage von Wilhelmshaven gibt es wunderschöne Spazierwege – mit Leinenpflicht – und später leckeren Flammkuchen beim Lokal *Bootshaus am Stadtpark*.

32

**Hausboot-Resort Nordseeküste**
Neuengrodendeich 10b
26386 Wilhelmshaven
04421 82095
www.ibk-hausboote.de

**Hundefreilauffläche Stadtnorden**
Ecke Möwenstraße/
Preußenstraße
26388 Wilhelmshaven

# STADT, LAND, FLUSS

## Hausboot-Resort Nordseeküste

Nicht weit entfernt vom Stadtzentrum ist alles im Fluss – in ländlicher Umgebung präsentiert das Hausboot-Resort Nordseeküste den perfekten Ort für eine Auszeit. Fast wie Huckleberry Finn auf dem Mississippi können Hund und Halter auf der Maade treiben. Zwar sind die modernen Flöße festliegend, doch mit den dazugehörigen Booten, per Fahrrad oder zu Fuß lässt sich die Region rund um den Rüstersieler Hafen gut erkunden. Zum Beispiel in Richtung der Schleuse, die sich zur See hin öffnet und einen beeindruckenden Blick auf den Jade-Weser-Port bietet.

Einst förderte das 1607 gelegte Rüstringer Siel den Handel insbesondere mit Tee, Kandis oder Porzellan. Inzwischen fahren vor allem Freizeitskipper in den sanierten Süßwasserhafen und nutzen die maritimen Anlagen. Eine bekannte Adresse ist das Wassersportzentrum, zu dessen Gelände das Hausboot-Resort Nordseeküste gehört. Vor den stabilen Stegen befinden sich Parkplätze, damit Crew und Gepäck unkompliziert an Deck gelangen. In den 20 bis 44 Quadratmeter großen Unterkünften dürfen es sich jeweils bis zu vier Personen und zwei Hunde gemütlich machen. Zwar sind alle Schiffe seetüchtig, werden aber nur stationär vermietet, sodass ein spezieller Führerschein nicht nötig ist.

Die Ausstattung an Bord ist umfangreich und die Atmosphäre einzigartig – im Winter, wenn das Kaminfeuer prasselt oder im Sommer, wenn die Vögel zwitschern. Auf den Bootsterrassen kann man die Umgebung ungestört genießen. Die Gewässerqualität wird regelmäßig geprüft, nur Mücken mögen das sogenannte Brackwasser nicht. Gesellig geht es am gemeinschaftlichen Grillplatz zu. So bleibt der vor mehr als 100 Jahren verfasste Werbeslogan entspannt aktuell: »Ist Erholung, nicht Luxus dein Ziel, dann wähle das Nordseebad Rüstersiel.«

15 Fußminuten entfernt befindet sich die Hundefreilauffläche Stadtnorden. Ein großes, umzäuntes Gelände mit Eingangsschleuse, Wasserversorgung und Sitzgelegenheit.

## 33

**Klostermanns Restaurant Zum Schwarzen Bären**
Lange Straße 15
26434 Wangerland-Hooksiel
04425 95810
www.zum-schwarzen-baeren.de

**Dittmers Ferienhäuser**
Altendeich 12
26434 Wangerland-Hooksiel
04425 990212
www.hooksieler-ferienhaeuser.de

# KREATIVE KÜSTENKÜCHE

Klostermanns Restaurant *Zum Schwarzen Bären* in Hooksiel

Den urigen Sielort prägt eine jahrhundertelange Seefahrtsgeschichte. Das spüren Spaziergänger am historischen Hafen Hooksiel mit seinen typischen Packhäusern. Zu den dienstältesten Gebäuden dort zählt das Restaurant *Zum Schwarzen Bären*. Seit 1765 versorgt die Gaststätte friesische Feinschmecker. Vor mehr als 50 Jahren übernahm Familie Klostermann den Betrieb und verbindet hier Kulinarik mit Kultur.

Vierbeinige Besucher sind im *Schwarzen Bären* ebenfalls willkommen und fühlen sich mit ihren Menschen in der besonderen Atmosphäre der so unterschiedlichen Räume wohl. Zum Beispiel in der nach dem einstigen Hafenmeister Theodor Busker benannten Käpt'n Tedje Stube. Da wird jeden Sonntagabend beim Stammtisch »Platt geschnackt«. In prächtigem Friesenblau bietet das Bärenzimmer einen freien Blick auf das Hookstief. An kalten Tagen prasselt dazu das Feuer im Kamin. In der angrenzenden Sielwärterkammer gibt es nicht nur viel Platz, sondern auch echte Seemannsknoten. Bei schönem Wetter genießt man das maritime Ambiente am besten auf der windgeschützten Hookstief-Terrasse.

Dazu kredenzt Inhaber und Küchenchef Sven Klostermann regionale sowie saisonale Köstlichkeiten. Vom monatlich wechselnden Drei-Gang-Menü über Tagesempfehlungen bis zu Klassikern oder Lieblingsgerichten für junge Gäste. Hunde haben Glück und erhalten ihr Leckerchen gratis. Zum Mitnehmen lohnt sich *Herbert's Labskaus* in der Dose nach dem Hausrezept von Herbert Klostermann. Stimmungsvolles Lesefutter gibt es mit Michael Buschows Roman *Spuk in Hooksiel* über ein mutmaßlich millionenschweres Gemälde im *Schwarzen Bären*. Humor- und geschmackvolle Unterhaltung stehen in der Gastronomie außerdem von Herbst bis Frühling auf der Karte. Dann kombiniert die Veranstaltungsreihe *KUNSTvoll ESSEN* talentierte Kleinkünstler und ein spezielles Vier-Gang-Menü.

Die hübsche Hundeskulptur an der Ecke Am Hafen/Lange Straße steht für das Motto von Dittmers Ferienhäusern: Hooksieler Unterkünfte zum »HUNDUM Wohlfühlen«.

# 84

**Sagenbrunnen**
Alter Markt
26441 Jever

**Tourist-Information**
Alter Markt 18
26441 Jever
04461 939261
www.stadt-jever.de

## LEBENDIGE LEGENDEN

Sagenbrunnen

Die friesische Kreisstadt eignet sich – im wahrsten Sinne des Wortes – fabelhaft für einen Ausflug. Jevers zauberhafte Denkmäler und Brunnen sind nicht nur schön anzuschauen, sondern stehen jeweils für besondere Erzählungen oder Ereignisse. Diesen kann man am besten am Alten Markt nachspüren. Dort sprudelt der Sagenbrunnen mit verspielten Bronzefiguren samt Mythen zum Anfassen.

Die frei beweglichen Figuren sind besonders bei Kindern beliebt und stehen alle für ihre eigene Geschichte: So sitzen zwei Frauen im »Hexenschiff«, die früher die Fischer geärgert haben sollen. Den Schalk im Nacken hatte wohl auch der Scheeper Haase, der angeblich teilweise angetrunkene Bauern in den Graben schubste, die auf dem Weg zum Gut Scheep waren. Schuld könnte aber eher der als »de witte Has« bezeichnete Nebel sein, durch den Kurven nicht mehr zu erkennen waren. Solch eine widrige Witterung wurde auch dem Grafen Anton Günther beinahe zum Verhängnis, hätte ihn sein Lieblingspferd nicht sicher durchs Watt nach Wangerooge geführt. An seiner Seite dreht sich die Figur des Fräuleins Maria von Jever, das nicht gestorben, sondern durch einen geheimen Gang verschwunden sein und irgendwann wiederkehren soll. Die letzte Figur des Sagenbrunnens verweist auf die Gudrunsage aus dem 9. Jahrhundert. Sie berichtet von dem dänischen Sänger Horand, der »gen Givers« ritt. Das könnte die erste schriftliche Erwähnung Jevers sein.

Nur drei Fußminuten weiter wartet an der Ecke Albanistraße und Große Burgstraße der ebenfalls von dem Bildhauer Bonifatius Stirnberg geschaffene Kosakenbrunnen. Drei wilde Reiter erinnern an die Befreiung des Jeverlandes mit Hilfe russischer Regimenter. In einhundert Metern folgt das Highlight des Hundespaziergangs. An der Großen Wasserpfortstraße trägt »Theda« die schweren Eimer, während ihr »Lumpi« lässig das Beinchen hebt …

Klassische sowie spezielle Sorten mit ausschließlich natürlichen Zutaten gibt es von März bis Oktober im Café *Eishaus* ebenfalls am Alten Markt. Dazu einen Wassernapf für vierbeinige Schleckermäuler.

85

**Altstadtbrauerei Marienbräu**
Apothekerstraße 1
26441 Jever
04461 744990
www.marienbraeu.de

**Fräulein-Maria-Denkmal**
Fräulein-Marien-Straße / Ecke Schloßstraße
26441 Jever
www.maria-von-jever.de

# LECKERE BIERE, LÜGENDE BARONE

Altstadtbrauerei Marienbräu

Das Gebäude aus dem 16. Jahrhundert hat es in sich – geschichtlich und geschmacklich. Den Ursprung der heutigen Altstadtbrauerei Marienbräu vermutet man zu Zeiten von Fräulein Maria (1500–1575), der letzten Regentin im Jeverland. In vielerlei Hinsicht wird die edle Friesin bis heute verehrt. Über ein weniger seriöses Image verfügt der sogenannte »Lügenbaron« von Münchhausen, dessen Familie das stattliche Bauwerk von 1698 bis 1735 besaß. Man munkelt, dass sich in den Räumen deshalb so dicke Balken befinden, damit diese sich nicht biegen, wenn wieder einmal »lögenhaft vertellt« wird.

Auch der Straßenname sowie die Skulpturen am Hauseingang stehen für Historie. Zwischen 1798 und 1953 handelte hier die Löwen-Apotheke mit Arzneien. Nach einer aufwändigen Sanierung beherbergt der Bau nun die Altstadtbrauerei Marienbräu. Mit diesem Namen und dem Bier bekennt sich Inhaber Sven Bastrop zu Jevers bekannten Traditionen. Am Tresen kann man erleben, wie durch handwerkliche Braukunst und in glänzenden Kupferkesseln köstliche Trinkspezialitäten entstehen. Hergestellt aus Malzen und Hopfen aus deutschen Anbaugebieten, bleiben in den naturbelassenen Hausmarken die geschmacksgebenden und gesunden Inhaltsstoffe bestmöglich erhalten. Das Marienbräu in den Sorten hell, dunkel und Urtyp 1536 sowie den saisonalen Mai- oder Weihnachtsbock gibt es auch zum Mitnehmen. Stilecht getrunken und gegessen wird im rustikalen Brauhaus mit malerischem Biergarten.

Vierbeinige Begleiter genießen die gemütliche Atmosphäre ebenso und bekommen einen gefüllten Wassernapf und ein Leckerli serviert. Zweibeiner finden Schmankerl für jeden Geschmack in der gleichermaßen klassischen wie kreativen Speisekarte. Nach dem deftigen Biersteak und einem köstlichen »Bieramisu« gibt es ein Prosit auf die friesische Gastlichkeit!

Die fünf Fußminuten entfernte Bronzestatue der Maria von Jever hält in ihrer rechten Hand eine Urkunde über die Verleihung der Stadtrechte, während ihre linke einen Jagdhund streichelt.

# 36

**Lama- und Alpakahof am Sommerdeich**
Neu Augustengroden 6
26434 Wangerland
04464 9455124
www.lamahof-am-sommerdeich.de

**Wattkieker**
Am Harlesiel 20
26409 Wittmund-Harlesiel
04464 9459200
www.wattkieker.de

## NEUE NACHBARN

Ferienwohnungen auf dem Lama- und Alpakahof am Sommerdeich

Schafe sind nicht die einzigen Wollträger in Friesland. Auf ihrem beschaulichen Hof beheimatet Familie Höke eine fröhliche Lama- und Alpakaherde. Auch Ziegen sowie Miniponys gehören zur tierischen Gesellschaft, mit der die hier eingebuchten Urlaubsgäste gemeinsame Zeit verbringen dürfen. Zwei gemütliche Ferienwohnungen grenzen an die gepflegten Weiden und garantieren unvergleichliche Ausblicke. Die langhalsigen Landschaftspfleger zu beobachten, wirkt wunderbar entschleunigend. Abseits von Stress oder Straßenverkehr ist der Lama- und Alpakahof am Sommerdeich außerdem ein schöner Ausgangspunkt für Spaziergänge mit dem ebenfalls angereisten Hund.

Gerne verraten die sympathischen Gastgeber spannende Informationen über ihre südamerikanischen Schützlinge. Zum Beispiel, dass sie Menschen gegenüber sehr sanftmütig sind und unter anderem nur spucken, wenn sie sich bedroht fühlen. Dazu haben die Tiere von Heike und Thomas Höke aber keinen Grund – auch, weil Hunde sich auf dem Hof nur an der Leine bewegen. Besonders für Kinder ist der Kontakt zu den beiden Kamelarten ein Erlebnis. Die empathischen »Pakos« werden erfolgreich in der tiergestützten Pädagogik eingesetzt. Außerdem produzieren sie hochwertige Wolle, die strickbereit erhältlich ist. Verarbeiten lässt sich das Naturmaterial zum Beispiel direkt an den zur Unterkunft gehörenden Sitzgelegenheiten im Garten.

Die Wohnungen *Lamablick* oder *Sommerdeich* eignen sich für den Aufenthalt von teilweise bis zu fünf Personen plus stubenreinem Hund. Für die Autos sowie Fahrräder der Hausgäste sind ausreichend Stellplätze vorhanden, verschiedene Ausflugs- und Einkaufsmöglichkeiten gibt es in der nahen Umgebung. Wer möchte, nimmt den Brötchenservice in Anspruch und genießt sein Frühstück in exklusiver Atmosphäre. Denn dieser Lama- und Alpakahof ist kein allgemein besuchbarer Tierpark – so bleiben die zwei- und vierbeinigen Bewohner ungestört.

Fisch, Vegetarisches oder Veganes gibt's im Restaurant *Wattkieker*. Dazu einen fantastischen Ausblick auf die ostfriesischen Inseln Wangerooge, Spiekeroog sowie Langeoog.

37

**Freilaufbereich beim Hundestrand**
Ausgangspunkt: Übergang am Bootsweg
26486 Wangerooge

**Kurverwaltung Nordseeheilbad Wangerooge**
Obere Strandpromenade 3
26486 Wangerooge
04469 990
www.wangerooge.de

# FRISCHE BRISE FÜR »INSELHUNDE«

Freilaufbereich beim Hundestrand

Die autofreie Insel Wangerooge eignet sich perfekt, um in vollen Zügen das gesunde Nordseeklima zu genießen. Mit Hund gelingt das am besten in der Nebensaison zwischen November und März, wenn man die schöne Kulisse fast für sich alleine hat. Auf dem friesischen Eiland sind vierbeinige Gäste stets willkommen, auch wenn es im Nationalpark Niedersächsisches Wattenmeer ein paar besondere Verhaltensregeln zu beachten gibt. Ein separater Strand, zwei ausgedehnte Freilaufflächen sowie originelle und ökologische Ausstattung machen aus jeder Fellnase einen echten »Inselhund«!

Vom 15. März bis 31. Oktober gilt auf Wangerooge eine generelle Anleinpflicht – innerhalb sowie außerhalb des Ortes. In den Ruhe- und Zwischenzonen des Nationalparks laufen Vierbeiner zum Schutz des sensiblen Naturreservats ganzjährig auf den Wegen und an der Leine. Das ist kein Problem, denn auch für Platz zum Planschen oder Toben ist gesorgt. Östlich des allgemeinen Bade- und Burgenstrandes (im Sommer für Haustiere gesperrt) gibt es einen hundefreundlich eingerichteten Bereich mit tollem Service. Die Kurverwaltung spendiert zu jedem hier gemieteten Strandkorb einen *PooPick* – als nachhaltige Alternative zum herkömmlichen Hundekotbeutel.

Ein Must-have sind außerdem die schicken Halsbänder im originalen »Inselhund«-Design. So gestylt können Vierbeiner sich auf den frequentierten Freilaufflächen sehen lassen. Eine beginnt nahe des Hundestrandes, östlich vom Übergang am Bootsweg, und endet auf der Höhe des Cafés und Restaurants *Neudeich*. Unter Aufsicht dürfen Hunde ebenfalls westlich vom Surfstrand bis zum Übergang in Höhe der Saline leinenlos durch feinen Sand oder frisches Wasser tapsen. Dort lohnt sich ein Spaziergang auch in den Abendstunden, wenn die Sonne in einem spektakulären Farbenspiel im Meer versinkt.

Auf kleinen Inseln sind die Möglichkeiten begrenzt. Deshalb gehören eine Haustier-Apotheke und – sofern erforderlich – Spezialfutter mit ins Gepäck.

# OSTFRIESLAND UND INSELN

# 38

**Camping- und Bungalowpark Ottermeer**
Am Ottermeer 52
26639 Wiesmoor
04944 949893
www.wiesmoor-camping.de

**Lüttje Haven**
Am Stadion 14
26639 Wiesmoor
04944 5999759

# ABTAUCHEN VOM ALLTAG

## Camping- und Bungalowpark Ottermeer

Viel Platz, um mit seinem Vierbeiner eine Auszeit zu verbringen, bietet das gut 80 Hektar große Freizeit- und Erholungsgelände am Ottermeer. Dabei steht der See mit diesem charmanten Namen im Zentrum zahlreicher Aktivitäten. Das künstlich angelegte Gewässer ist exemplarisch für die Entwicklung einer der jüngsten ostfriesischen Städte. Erst ab Anfang 1900 wurde Wiesmoor durch die Abtorfung des Moores weiter erschlossen. Auf diese Weise entstand um 1970 auch der heutige Badesee. Allen voran der angrenzende Camping- und Bungalowpark Ottermeer ist eine Oase für Reisemobilisten, Wohnwagenfahrer sowie Zelter.

Besuchern in Begleitung von vier Pfoten stellt die Fünf-Sterne-Anlage ganzjährig Stellplätze zur Verfügung. Im Schatten hoher Kiefern befindet sich außerdem der komplett eingerichtete, tierfreundliche Mietwohnwagen samt Vorzelt. Die Grundversorgung für Zweibeiner ist mit dem hauseigenen Kiosk samt Backshop gewährleistet und Kinder können unter anderem auf dem schönen Spielplatz nach Herzenslust toben. Weitere Aufenthalts- sowie Veranstaltungsflächen gehören ebenso zum Service wie gepflegte Sanitärräume. Diese können gemeinschaftlich genutzt oder privat gemietet werden.

In den ausgewiesenen Hundebereichen herrscht ein harmonisches Miteinander. Einige Gäste verabreden sich zu gemeinsamen Gassigängen. Zum Beispiel um das Ottermeer – der knapp 2,3 Kilometer lange Rundwanderweg verläuft nur wenige Fußminuten vom Camping- und Bungalowpark entfernt. Neben malerischer Natur gehört das moderne Moorfreibad zum See. Während der Hauptsaison gibt es unter Aufsicht viel Action, besonders an der 45 Meter langen Wasserrutsche. Auch deshalb dürfen Hunde in dem Gebiet nicht schwimmen und laufen hier sowie auf dem Campingplatz an der Leine. Mit einer feineren Schnur landen Angler derweil dicke Fänge. Zum Beispiel Aale oder Barsche bewohnen das für die Fischerei freigegebene Gewässer.

»Hunde willkommen«, heißt es im *Lüttje Haven*. Das kleine Café verwöhnt die Gäste am Bootshafen mit Frieseneis, hausgemachten Speisen sowie kalten oder warmen Getränken.

39

**Blumenreich**
Dahlienstraße 26
26639 Wiesmoor
04944 91980
www.tourismus-wiesmoor.de

## MIT ALLEN SINNEN

Blumenhalle und Gartenpark *Blumenreich*

Der kleine Luftkurort gehörte bundesweit zu den größten Anzuchtgebieten für prächtige Garten- und Zimmerpflanzen. Inzwischen gedeiht hier vor allem der Tourismus. Zum traditionellen Blütenfest – jedes Jahr am ersten Septemberwochenende – verwandelt sich Wiesmoor in ein Blumenmeer und wählt seine Monarchen: die Blütenkönigin sowie zwei Prinzessinnen. In diesem Rahmen eröffnete die Blumenhalle 1968 ursprünglich als Sonderausstellung und entwickelte sich seitdem zu einem florierenden Ausflugsziel.

Während der Sommersaison, beim *Herbstgenuss*, *Winterzauber* oder *Frühlingserwachen* präsentiert sich das *Blumenreich* immer wieder anders. Dazu tragen jährlich rund 15.000 neue Pflanzen bei. In der überdachten Halle wandeln die Besucher wettergeschützt durch eine abwechslungsreiche Naturkulisse. Zwischen begehbaren Beeten, beschaulichen Brücken oder stimmungsvollen Wasserspielen gibt es auch für Tierfreunde viel zu entdecken. Muntere Vögel, gemütliche Schildkröten sowie exotische Fische gehören zu den Bewohnern der gepflegten Anlage. Hunde spazieren an der Leine und erfrischen sich an den aufgestellten Trinknäpfen.

Draußen erstreckt sich ein fünf Hektar großer Gartenpark mit naturbelassenen Blühwiesen und unterschiedlichen Themengärten. Hier gibt es bunte Inspiration plus praktische Tipps von den *Blumenreich*-Gärtnern. »Genuss im Grünen« serviert dazu die hauseigene Gastronomie und begeistert die Geschmacksknospen durch regionale, meist ostfriesische und klassische Köstlichkeiten. Auf der angrenzenden Indoor-Veranstaltungsfläche spielen sich ebenfalls kulturelle und kulinarische Highlights ab – zum Beispiel das Weinfestival im Juni oder die Biernacht im Oktober. Mit hilfreichen Services sowie hübschen Souvenirs werden Gäste darüber hinaus von der Tourist-Info und dem Lüttje Laden in der *Blumenreich*-Eingangshalle versorgt.

Das Erlebnisgolf Ostfriesland gehört zur Anlage und man kann sich über originelle Hindernisse einmal durch die Region spielen. Hunde sind auch dort gern gesehene Begleiter.

# 40

**Rundwanderung durch Rußland und Amerika**
Ausgangspunkt: Parkplatz beim Ortsschild Rußland
Rußlandweg
26446 Friedeburg
www.urlaub-friedeburg.de

**Tierärztliche Gemeinschaftspraxis Friedeburg**
Friedeburger Hauptstraße 63
26446 Friedeburg
04465 942127
www.tierarztpraxis-friedeburg.de

# WELTREISE AUF DIE LEICHTE TOUR

## Rundwanderung durch Rußland und Amerika

Ferne Länder gehören nicht zu den typischen Freizeitzielen für Hundehalter. Eine Ausnahme bietet Friedeburg. In der ostfriesischen Gemeinde können zwei- und vierbeinige Globetrotter bequem durch Rußland und Amerika wandern. Beide Gebiete sind mit Rundwegen von sieben bis zwölf Kilometern Länge verbunden. Grenzkontrollen gibt es keine, dafür auf Wunsch eine originelle Urkunde von der Tourist-Information im Ortskern. Beliebte Beweismotive sind die grünen Ortsschilder – hinter jedem stehen spannende Geschichten.

Historische Überlieferungen lassen unterschiedliche Versionen bezüglich der Namensgebung des norddeutschen Rußland zu. Eine besagt, dass in der Region ein armer Bauer lebte, der wegen seines rauen Auftretens »Russe« genannt wurde. Inspirationsgeber könnte aber auch ein alter Köhler (umgangssprachlich »Rußer«) gewesen sein. Über eine Teilstrecke vom Friesischen Heerweg, der früher unter anderem von Händlern und Pilgern genutzt wurde, führt die Route beispielsweise ab dem Ortsschild Rußland nach Amerika an idyllischen Wiesen und Wallhecken vorbei. Wer mag, macht noch einen Ausflug zum nahen Ems-Jade-Kanal.

An der Heseler Straße sind die »Stars and Stripes« gehisst: Welcome to Amerika! Ein ebenso benannter Platz sorgt mit rustikaler Blockhütte, Grillstelle sowie Spielfeld für Stimmung. Auf dem großen Gelände finden regelmäßig Veranstaltungen statt. Der von einem hiesigen Holzbildhauer erschaffene Totempfahl soll an deutsche Auswanderer erinnern, die im 19. Jahrhundert ihre Heimat verließen. Damals waren die Lebensverhältnisse hierzulande hart und die Menschen hofften, ihre Situation durch einen Neuanfang in den Staaten zu verbessern. Einige Siedler gründeten gleichzeitig ihr eigenes Amerika in Niedersachsen und stellen mit der ehemaligen Kolonie bis heute geographische Kenntnisse auf die Probe!

Um die medizinische Versorgung vierbeiniger Abenteurer kümmert sich die moderne Tierärztliche Gemeinschaftspraxis Friedeburg.

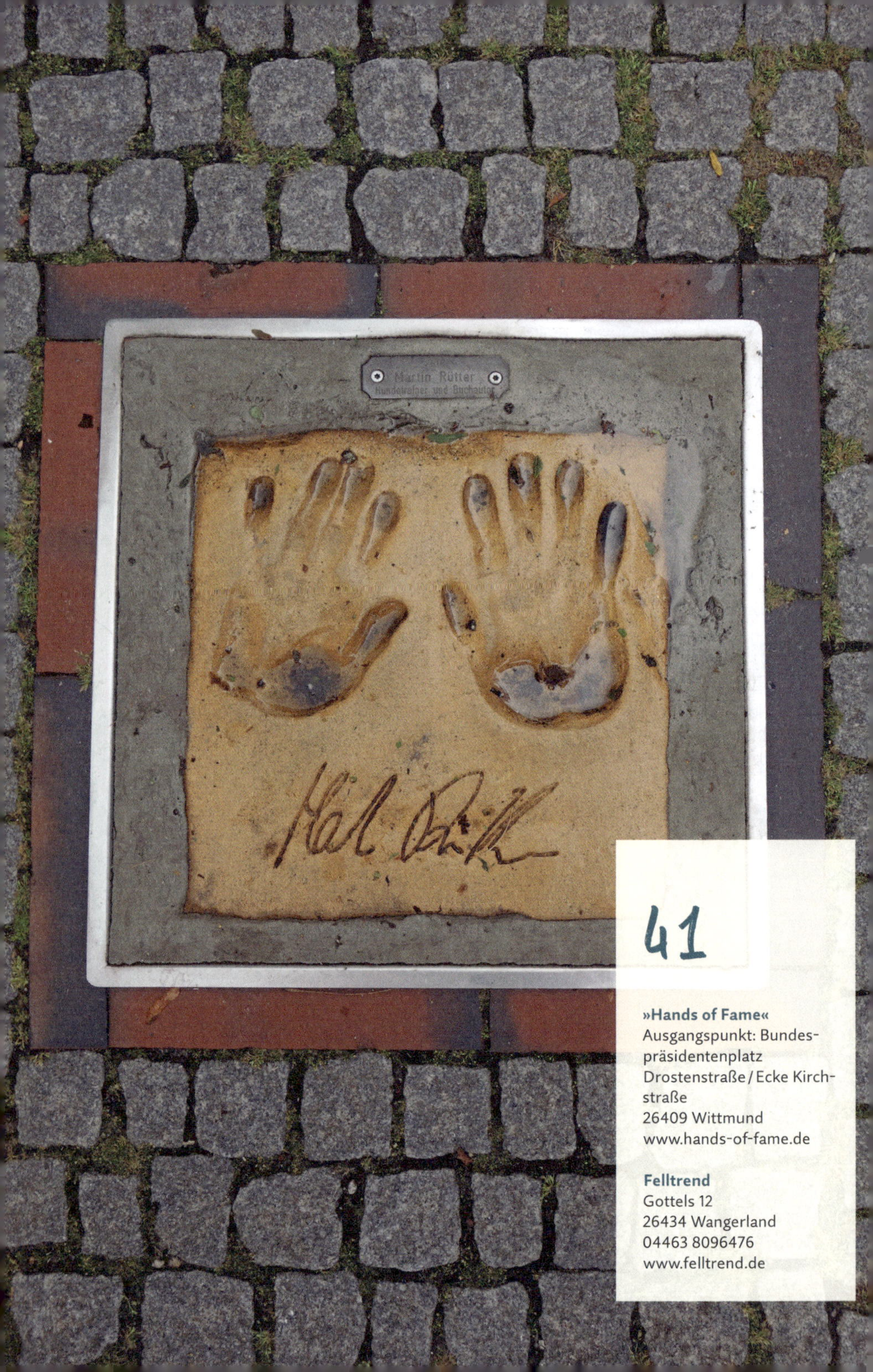


# 41

**»Hands of Fame«**
Ausgangspunkt: Bundes-
präsidentenplatz
Drostenstraße / Ecke Kirch-
straße
26409 Wittmund
www.hands-of-fame.de

**Felltrend**
Gottels 12
26434 Wangerland
04463 8096476
www.felltrend.de

## Stadtbummel mit Staraufgebot

### Fußgängerzone mit den »Hands of Fame«

Kurz vor der Küste liegt die kleine Kreisstadt Wittmund. In der beschaulichen Gegend mit historischen Häusern, gemütlichen Gassen und grünen Gärten leben etwas mehr als 20.000 Menschen. Urlauber nutzen den anerkannten Erholungsort als Ausgangspunkt für original-ostfriesische Entdeckungstouren. Zum Beispiel kann man nach norddeutscher Redensart »einmal um den Pudding« spazieren. Wie die Süßspeise nennen Bewohner den Bereich der Innenstadt, wo man mit Sicherheit über den einen oder anderen Star stolpert.

Ähnlich des weltbekannten »Walk of Fame« in Hollywood pflastern auch in Wittmund die Handabdrücke prominenter Persönlichkeiten den Weg. Sportler wie Uwe Seeler, Sängerinnen wie Andrea Berg, Schauspieler wie Hardy Krüger oder Schriftsteller wie Hellmuth Karasek haben sich auf diese Weise samt Autogramm in Form von gebrannten Tonplatten verewigt. Umrahmt von norddeutschem rotem Klinker, findet man die »Hands of Fame« im Boden entlang der gesamten Fußgängerzone. Den Start- und Endpunkt der Flaniermeile markiert der sogenannte Bundespräsidentenplatz. Vereinzelte Infotafeln verraten Wissenswertes über das wachsende Projekt.

Seit 2005 besteht die Aktion, an der sich bislang mehr als 80 Berühmtheiten beteiligt haben. Zwei- bis dreimal jährlich erweitert frisches Handwerk die umfangreiche Sammlung. Beim Stadtbummel mit Vierbeiner darf ein Abstecher in die Norderstraße (Ecke Kirchstraße) nicht fehlen. Hier hat sich unter anderem der »Hundeprofi« Martin Rütter verewigt. Einmal ehrfürchtig mit den Pfötchen die Handabrücke des Meisters berührt, bringt das bestimmt Glück beim nächsten Training. Vorher erholt man sich von den vielen Ein- und Abdrücken aber noch in einem der zahlreichen Cafés oder Restaurants – in den meisten hiesigen Gastronomien sind vierbeinige Gäste herzlich willkommen.

Im Hundesalon *Felltrend* erhalten kleine Vierbeiner professionelle Pflege für einen glänzenden Auftritt.

42

**Haustierpark Werdum**
Gastriege 35
26427 Werdum
04974 990099
www.haustierpark-werdum.de

**Museumswiese Werdum**
(Gebäude geöffnet von April–Oktober)
Edenserloogerstraße 13
26427 Werdum
04974 990099
www.werdum.de

## EINE ARCHE AN DER NORDSEE

Haustierpark Werdum

Zu den Bewohnern dieses beschaulichen Luftkurortes gehören auch wollige Schweine, zottelige Esel oder gelockte Gänse. Der zentral gelegene Haustierpark Werdum widmet sich dem Erhalt historischer und vom Aussterben bedrohter Nutztierrassen. Mit seiner Arbeit ist der zertifizierte *Arche-Park* einzigartig an der niedersächsischen Küste. Die naturnah gestaltete Anlage ist ein allseits beliebtes Ausflugsziel. Selbst Hunde dürfen hier an der Leine auf Schnupperkurs gehen – als Halter achtet man dabei auf einen angemessenen Abstand zwischen den Fellnasen. Denn die Protagonisten sind nicht scheu und setzen das Motto »Tiere ganz nah« gerne in die Tat um.

Der verantwortliche Heimat- und Verkehrsverein Werdum e. V. sorgt für das Wohl aller Anwesenden. Die gut versorgten Vierbeiner haben Namen und teilweise Kultstatus, wie die seit der Fußball-Weltmeisterschaft 2018 als Orakel bekannte Ziege Ilona. Auch stattliche Poitou-Esel oder schlappohrige Mangalitzas (Wollschweine) zählen zu den Publikumslieblingen. Infotafeln oder Lernspielgeräte vermitteln Wissen über die unterschiedlichen Arten. An die 70 Groß- und 160 gefiederte Tiere haben ihre Gehege auf dem rund zwei Hektar umspannenden Gelände. Die Streichelwiese ist ein lebhafter Treffpunkt mit munteren Schafen – für Hunde ist der Zutritt tabu. Beim angrenzenden Veranstaltungsplatz finden regelmäßig Haustierpark-Bingo oder Live-Musik statt.

Dort gibt es außerdem einen Souvenirshop, Sitzgelegenheiten, Getränke sowie eine Hundetankstelle. Am Infostand erhalten junge Gäste einen Fragebogen für die Tierpark-Rallye – und anschließend eine Urkunde. Neben der Selbstbedienung aus praktischen Futterautomaten können Kinder ab sechs Jahren auf Anmeldung den Pflegern beim Versorgen helfen. Und nach Hause kommen »De Nümigs« (Die Niedlichen) mit: fünf typische Tierpark-Maskottchen als tolle Bastelbögen.

Fünf Fußminuten weiter befindet sich die Museumswiese Werdum mit einer alten Windmühle, Schmiede und dem Backhuus, wo »Holzbackofenträume« wahr werden.

48

**Museumshafen**
Am Hafen West / Ost
26409 Wittmund-
Carolinensiel
www.lichtermeer-
carolinensiel.de

**Teestube Tüdelpott**
Pumphusen 10
26409 Wittmund-
Carolinensiel
04464 8349
www.tuedelpott.de

## »O du Ostfriesische …«

*Lichtermeer* am Museumshafen in Carolinensiel

Weihnachten am Wasser ist wohl selten so besinnlich wie an der norddeutschen See. Allen voran der kleine Küstenort Carolinensiel beschert Adventsgästen eine einzigartige Kulisse. Entlang der hübschen Promenade und rund um den historischen Museumshafen erstrahlt jährlich das *Lichtermeer*. Die stimmungsvolle Beleuchtung der umliegenden Gebäude und Plätze spiegelt sich sanft im Harlebecken.

Ein Highlight ist der schwimmende Weihnachtsbaum, der das Wintermärchen perfekt macht. Viele Sieler und Touristen verfolgen das spannende Schauspiel, wenn der große, geschmückte Tannenbaum auf einem Ponton im Port platziert wird. Seit dem ersten Spektakel 1995 hat sich auch der dazugehörige Wintermarkt als weithin bekannter und beliebter Treffpunkt etabliert. Hunde bewegen sich durch das Getümmel besser an der Leine. In rustikalen Holzhütten werden regionale Geschenkideen oder Kulinarisches verkauft. Legendär ist die »längste Friesengeist-Meile« (2019 mehr als 180 Meter) abends am 29. Dezember. Dazu bringt man einen typischen Holzschuh samt Trinkgläsern mit, oder kauft sich ein Exemplar vor Ort. So ausgestattet geht es zu den entlang des Kanals aufgebauten Bohlen, wo der aromatische Schnaps eingeschenkt und von Mitgliedern der Freiwilligen Feuerwehr Carolinensiel entzündet wird. Nachdem die Flammen erloschen sind, genießt man den Kräuterlikör »den Friesen zur Ehr«.

Unter anderem Hundehalter schätzen an den hiesigen Sitten, dass am Museumshafen zu Silvester auf privates Feuerwerken verzichtet wird. Stattdessen gibt es um Mitternacht eine effektvolle Lasershow. Die beschauliche Umgebung verspricht Zwei- und Vierbeinern friedliche Feiertage. Fast jeder verliebt sich dabei langsam, aber sicher in »Caro«.

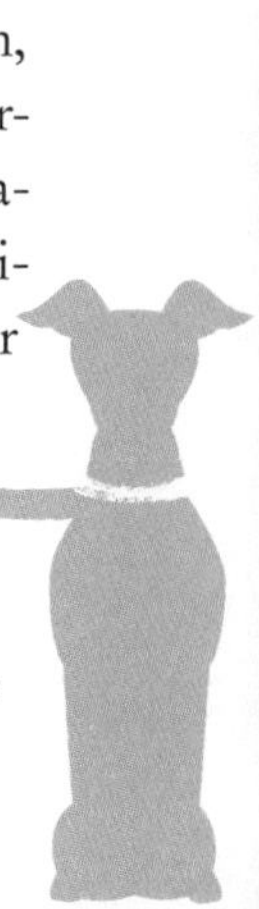

Nach einem Hundespaziergang an der Harle wärmt man sich am Kachelofen. Die Teestube Tüdelpott tischt dazu heißen Ostfriesentee oder kernige Klabauterhäppchen auf.

# 44

**CONCORDIA II**
Friedrichsschleuse 3a
26409 Wittmund-
Carolinensiel
04464 9429741
www.raddampfer-
concordia.de

Startpunkt der Fahrt etwa
ab Anlegestelle
Museumshafen
Am Hafen Ost 9
26409 Wittmund-
Carolinensiel

**Heimathafen**
Am Hafen Ost 9
26409 Wittmund-
Carolinensiel
04464 1385
www.koje9-carolinensiel.de

## ROMANTISCHE RADFAHRT

Mit dem Raddampfer *CONCORDIA II* auf der Harle ab Carolinensiel

Wie ihr historischer Vorgänger befördert die *CONCORDIA II* reisefreudige Passagiere entlang der Harle. Im ganzjährigen Pendelverkehr zwischen den Orten Carolinensiel und Harlesiel gehört der prächtige Seitenraddampfer zu den regionalen Wahrzeichen. Wenn die roten Schaufeln rotieren, kommt Bewegung in den Fluss. Gemeinsam mit ihren Menschen dürfen auch Hunde von Bord aus die herrliche Perspektive auf die angrenzende Promenade genießen – für Vierbeiner ist die Fahrt sogar kostenfrei.

Durchschnittlich sechs Mal pro Tag absolviert der Ausflugsdampfer seine Tour. Dabei steht es den Gästen frei, an welchen der drei Anlegestellen sie zu- oder aussteigen wollen. Vom Startpunkt im Carolinensieler Museumshafen führt die Strecke unter der stattlichen Zugbrücke an der Friedrichsschleuse hindurch zur Zwischenstation bei der Küsten-Räucherei Albrecht. Ein köstlicher Platz für eine Pause! Das traditionsreiche Fisch- und Feinkostgeschäft zählt zu den besten an der niedersächsischen Nordsee.

Über das beschauliche Binnentief bewegt sich die *CONCORDIA II* weiter in Richtung des modernen Yachthafens. Von Bord aus begegnet man den eleganten Segel- und Motorbooten auf Augenhöhe. Nach insgesamt gut 30 Minuten Fahrzeit erfolgt der nächste Halt in der Nähe des Harlesieler Schöpfwerks. Statt raus auf die offene See geht es für den Raddampfer wieder retour. Je nach Wetterlage ermöglichen das überdachte Oberdeck oder das windgeschützte Achterdeck einen angenehmen Aufenthalt. Zum plüschigen Salon haben Pfötchen keinen Zutritt. Als Proviant sind kalte und warme Getränke erhältlich. So einen Luxus konnte die 1854 erbaute *CONCORDIA I* nicht bieten und wurde kurze Zeit später wieder verkauft. Mit ihrem gelungenen Nachbau verbreitet die Reederei Albrecht seit dem aktuellen Jahrtausend Nostalgie auf dem Wasser des Nordseebads.

Kreative Gastronomie und modernes Ambiente machen das Restaurant, Bar und Café *Heimathafen* zu einer angesagten Adresse – auch für Gäste in Hundebegleitung.

45

**Seeperle Harlesiel**
Seeperlenweg 10a
26409 Wittmund-Harlesiel
0177 1301330
www.ferienhaus-seeperle-harlesiel.de

**Hundestrand Schillig**
Schilliger Düne
26434 Wangerland
www.wangerland.de

# EIN ECHTES SCHMUCKSTÜCK

Ferienhaus *Seeperle Harlesiel*

Perlen aus Nordseemuscheln sind ähnlich selten wie spektakuläre Unterkünfte, die den Aufenthalt samt vierbeinigem Familienmitglied gestatten. Ein hundefreundliches Juwel befindet sich in Flusslage an der schönen Harle. Bei der *Seeperle Harlesiel* handelt es sich um eine moderne Doppelhaushälfte, deren Pfahlbauweise ein exklusives Ambiente erzeugt. Nicht nur die äußere Ansicht inklusive eigenem Bootssteg macht Eindruck – auch im Inneren werden Wohnträume wahr.

Mit viel Liebe zum Detail und Design haben die Vermieter eine Wohlfühloase am Wasser gestaltet. Zwei Etagen bieten mehrere Schlaf- sowie Badezimmer und genug Platz für bis zu sechs Personen plus einen oder mehrere Hunde (auf Anfrage). Maritime Motive und natürliche Farben verbreiten Gemütlichkeit. Dazu ist die hochwertige wie praktische Ausstattung, die zum Beispiel ohne Teppiche auskommt und auf Lederbezüge setzt, besonders pflegeleicht. Für Fellnasen gehören das gewohnte Körbchen sowie die eigenen Näpfe ins Reisegepäck. Neben allem Komfort in der Ferienwohnung ist die große Terrasse mit Hafenblick jedoch das Highlight.

Da mag man im Strandkorb entspannen und in Gaby Kadens Krimi *KüstenSpur* schmökern, in dem die Stelzenhäuser der Harle eine unheimliche Rolle spielen … Bis zum nächsten Ausflug gewährleistet das umzäunte Grundstück, dass sich vierbeinige Bewohner nicht selbstständig machen. Rund um die *Seeperle* gibt es viel zu entdecken – landwärts auf der Promenade nach Carolinensiel oder wasserseitig auf dem hauseigenen Stand-Up-Paddle-Board. Falls Gäste nicht direkt mit ihrem eigenen Boot anlegen, kann eine schicke Yacht gechartert werden. Wenn am zweiten Augustwochenende zum Hafenfest *Wattensail* zahlreiche historische Küstensegler vor dem Domizil entlangschippern, ist diese Aussicht einzigartig!

Für einen Ausflug empfiehlt sich der weitläufige Hundestrand in Schillig. Dort gibt es Strandkörbe und Duschen – aber auch eine ganzjährige Leinenpflicht.

# 46

**Wanderweg an den Salzwiesen**
Ausgangspunkt: Parkplatz Schwerinsgroden/Campingplatz Harlesiel
26409 Wittmund-Harlesiel

**Tourist-Information**
Nordseestraße 1
26409 Nordseebad Carolinensiel-Harlesiel
04464 94930
www.carolinensiel.de

Informationen und Rezepte zum »Meeresspargel«:
www.queller.org

# GARTEN DER GEZEITEN

## Wanderweg an den Harlesieler Salzwiesen

Mit seiner besonderen Biologie bildet der Nationalpark Niedersächsisches Wattenmeer einen Lebensraum für tausende Tier- und Pflanzenarten. Auch wenn das anerkannte UNESCO-Weltnaturerbe unter speziellem Schutz steht, gibt es vielseitige Möglichkeiten, diesem Ökosystem zwischen Ebbe und Flut zu begegnen. So können Zwei- samt Vierbeiner auf einem Wanderweg vorbei an wogenden Salzwiesen spazieren und der Herkunft des sogenannten »Meeresspargels« auf den Grund gehen.

Hierfür ist das Hafengebiet von Harlesiel ein perfekter Startpunkt. Es gibt Parkgelegenheiten, Gastronomie, eine öffentliche Freilauffläche und einen separaten Hundestrand. An diesem sowie entlang der Strecke bei den Salzwiesen gilt ganzjährig Leinenpflicht. Ein Schild kennzeichnet den Beginn der Route in Richtung Neuharlingersiel. Die natürliche Umgebung gestalten Gewächse, die zweimal täglich von der Nordsee gegossen werden. Ein Liter Wattwasser enthält etwa drei Esslöffel Kochsalz. Das ist mehr, als manche Pflanzen verkraften, aber kein Problem für Überlebenskünstler wie den Queller. In seinen festen Stängeln verdünnt er den Salzgehalt durch eingespeichertes Wasser. Mit dem entsprechenden Aroma ist der gesunde »Meeresspargel« eine beliebte Beilage zu Fischgerichten.

Das selbstständige Pflücken der Pflanzen ist nicht gestattet, aber anschauen und schnuppern sind erlaubt. Vor allem, wenn sich die Flächen in eine violette Blütenpracht verwandeln. Dafür sorgen im Frühling zarte Strandgrasnelken und im Sommer kräftiger Strandflieder. Zur Brut- und Setzzeit dienen die Salzwiesen als Kinderstube von Küstenvögeln wie Austernfischern oder Rotschenkeln. Unterwegs mit Hund ist vom 1. April bis 15. Juli erhöhte Vorsicht geboten, um die Wildtiere nicht zu erschrecken.

Die Nordsee ist erfrischend, aber als Durstlöscher eher ungeeignet. Deshalb gehört Trinkwasser auch für Vierbeiner zum Proviant.

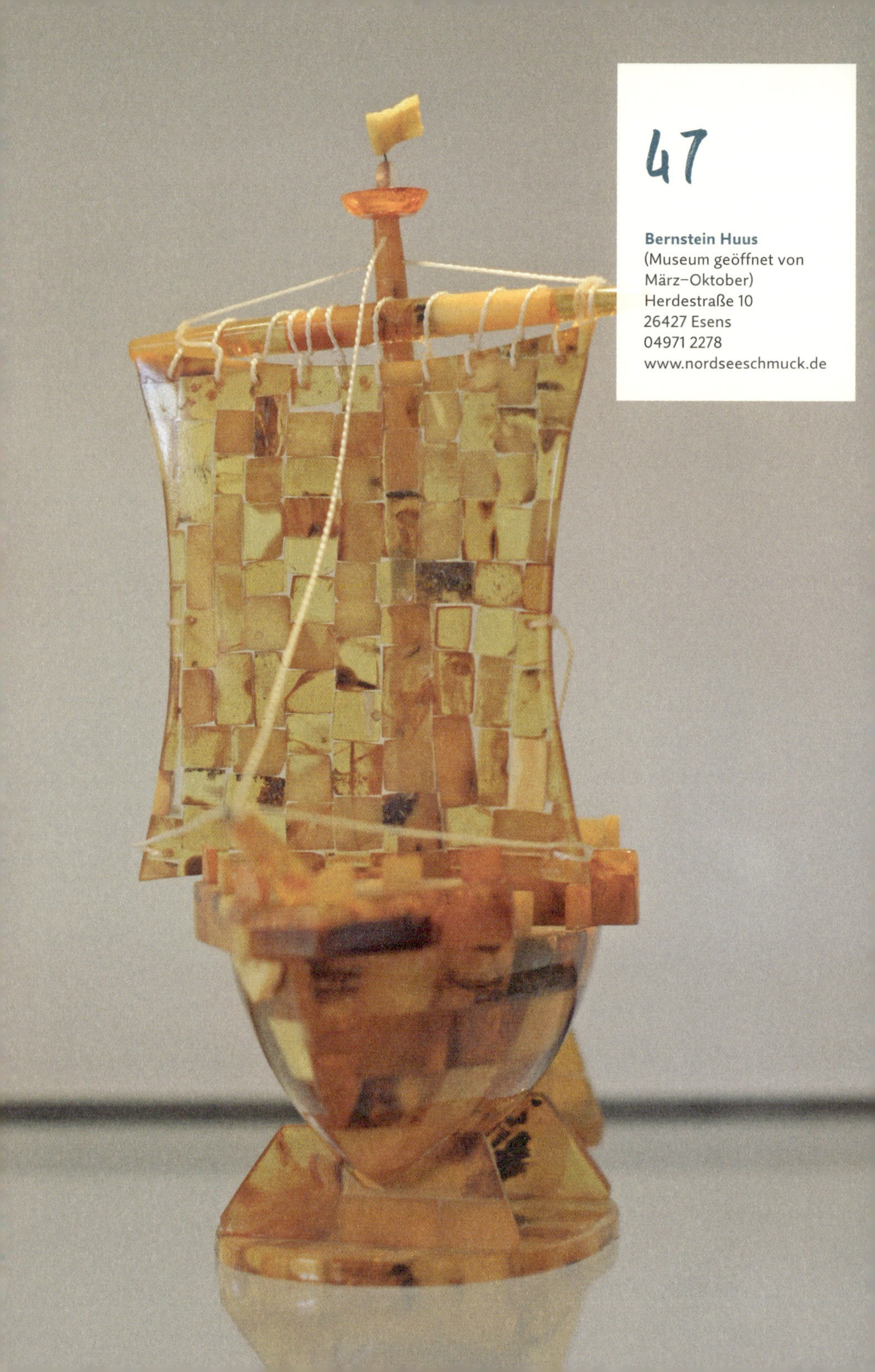

## 47

**Bernstein Huus**
(Museum geöffnet von März–Oktober)
Herdestraße 10
26427 Esens
04971 2278
www.nordseeschmuck.de

## GOLDENES SAMMLERGLÜCK

Juwelier und Museum *Bernstein Huus*

Hauptsächlich im Herbst und Winter offenbart die Nordsee eine unerwartete Schönheit. Nach stürmischen Fluten kann man am Strand zwischen angespülten Hölzern, Muscheln oder Steinen waschechte Schätze finden, wenn man Glück hat, sogar das »Gold der Meere«. Bernstein besteht aus dem versteinerten Harz von Gewächsen, die teilweise noch aus Zeiten der Dinosaurier stammen. Fossile Fundstücke mit eingeschlossenen Insekten oder Pflanzenteilen sind auch für die Wissenschaft interessant. Solche und andere Varianten präsentiert das *Bernstein Huus* in Esens. Den hübschen Laden sowie das hauseigene Museum dürfen Schmuckfreunde gemeinsam mit ihrem Vierbeiner besuchen.

Auf zwei Etagen zeigt der Experte Siegfried von Esmarch spektakuläre Ausstellungsstücke und stilvolle Accessoires aus Naturbernstein. Damit das begehrte Material optimal verarbeitet werden kann, muss es mindestens 40 Millionen Jahre alt sein. Im Vergleich zu herkömmlichen Gesteinen ist das gehärtete Harz sehr leicht und schwimmt in Salzwasser an der Oberfläche – auf diese Weise lässt sich seine Echtheit bestimmen. Der Verkaufspreis richtet sich übrigens unter anderem nach dem Gewicht der Einzelstücke. Der hierzulande vorkommende Baltische Bernstein besitzt zumeist eine gelbliche, bräunliche oder rötliche Farbe.

Bereits zur Antike war der außergewöhnliche Werkstoff ein willkommenes Handelsgut sowie Symbol für wirtschaftlichen Wohlstand. Im *Bernstein Huus* beweisen dies beispielsweise uralte Hochzeitsketten oder Trinkgefäße. Wie aus rohen Relikten individuelle Produkte werden, erleben Kinder in den Ferien beim Schleifkurs. Neben seiner einzigartigen Optik werden dem Harz unterschiedliche Wirkungen nachgesagt. So gelten Bernsteinketten für Hunde als schonender Zeckenschutz. Obendrein sind die goldigen Souvenirs echte Hingucker, im Vergleich zu handelsüblichen Halsbändern.

Die Facebook-Gruppe *Hunderunde Esens* ist eine Kontaktplattform für gemeinsame Gassigänge mit Gleichgesinnten in der Region.

## 48

**Inselmädchen**
Barkhausenstraße 11a
26465 Langeoog
0173 2190982
www.4pfoten-langeoog.de

**Tourismus-Service Haus der Insel**
Kurstraße 3
26465 Langeoog
04972 6930
www.langeoog.de

## EINE VILLA AN DEN DÜNEN

### Ferienwohnungen im *Inselmädchen*

Mit dem weitläufigen Sandstrand und großzügigen 1.500 Sonnenstunden pro Jahr ist das kleine Eiland ein Sehnsuchtsort für alle, die Erholung und Entschleunigung suchen. Beides findet man im autofreien Urlaub auf Langeoog garantiert, denn hier gibt es das berühmte »Inselgefühl« inklusive. Dafür sorgen auch so charmante Unterkünfte wie das *Inselmädchen*. Nicht weit von der Wattküste entfernt, bietet das besondere Domizil drei Ferienwohnungen mit »Wau-Effekt«.

Die Mieteinheiten *Lütt Heaven*, *Sandkiste* sowie *Düne 11* sind durch den Deutschen Tourismusverband mit bis zu fünf Sternen ausgezeichnet und erreichen in der sogenannten »Pfoten-Klassifizierung« die Höchstpunktzahl. Teilweise nach den eigenen Vierbeinern benannt, haben die aufmerksamen Eigentümer alle Wohnungen so eingerichtet, dass sich jeder Gast wohlfühlt. Erwachsene genießen die umfangreiche Ausstattung und den Komfort am Gaskamin oder in der Sauna. Junge Bewohner freuen sich – je nach Wetterlage – über das Outdoor-Spielzeug oder den TV-Entertainment-Kanal. Für vierbeinige Familienmitglieder sind hochwertige Näpfe, Bettchen und Handtücher vorhanden. Falls mehr als zwei Fellnasen anreisen, wird das Zubehör gerne aufgestockt. Hunde wohnen natürlich kostenfrei und teilen sich die unterschiedlichen Appartements mit maximal vier Personen.

Neben den eingezäunten Gärten oder Balkonen steht während der Saison für jede *Inselmädchen*-Unterkunft ein eigener Strandkorb am östlichen Hundestrand bereit. Das Meer ist nur wenige hundert Meter von der Villa entfernt. In unmittelbarer Nachbarschaft sorgen Restaurants, Cafés sowie ein Supermarkt für die Verpflegung. Auch der Fahrradverleih samt Ausrüstung für tierische Beifahrer ist nicht weit. So kann auf gemeinsamen Touren entlang ausgewiesener Wege die gesamte Insel erkundet werden.

Sanddorn gehört zu Langeoogs typischen Gewächsen. Reich an Vitamin C sind die reifen Beeren auch für Hunde gesund. Die Insel-Spezialität gibt es zum Beispiel als Saft, Tee, Marmelade oder Bonbon.

# 49

**Fun-Agility-Park Neßmersiel**
(Geöffnet von April–September)
Strandstraße (an der Küste)
26553 Dornum-Neßmersiel

**Piepmatz Futtershop**
Pumpsieler Straße 11
26553 Dornum
0162 6608631
www.piepmatz-futtershop.de

# DRUNTER UND DRÜBER

## Fun-Agility-Park Neßmersiel

Der Ausflug zum kleinsten ostfriesischen Küstenbadeort ist für unternehmungsfreudige Fellnasen das Größte. In Neßmersiel befindet sich am Wasser ein waschechter Hundefreizeitpark. Während der Sommerzeit können sich Vierbeiner täglich im Agility-Parcours, auf der Freilauffläche oder am Hundestrand vergnügen. Schon beim großen Parkplatz herrscht ein bunter Betrieb – aus sämtlichen Richtungen reisen die unterschiedlichsten Besucher an. Ob jünger oder älter, munter oder gelassen, alle Gäste haben eines gemeinsam: Sie freuen sich auf einen tierisch tollen Tag an der Küste!

Im Eintritt enthalten ist ein Leckerli und auf Wunsch ein Flyer mit Anleitungen zu den Trainingsgeräten. Auch Dogstations gehören zum Service vor Ort. Am abwechslungsreichen Kinderspielplatz vorbei führt der Weg zum professionell ausgestatteten Fun-Agility-Platz. Hund und Halter stellen bei »Hindernissen« wie Hürde, Steg, Wippe oder Wand sowie Slalom oder Tunnel ihren Teamgeist unter Beweis. Die Anlage ist so konzipiert, dass jeder auf seine Kosten kommt und keiner überfordert wird. Selbst für die »Lütten« gibt es einen eigenen Welpenbereich zum spielerischen Erkunden.

Während die stolzen Besitzer auf der Sitzbank über ihre Schützlinge plaudern, drehen diese eine – oder mehrere – Runden auf der angrenzenden Freilaufwiese. Auch wenn das Gelände umzäunt ist, hat man dabei natürlich immer ein Auge auf seinen Hund. Nach dem Toben geht es wieder an die Leine und zum Entspannen in den Strandkorb. Hier kann man den Blick über die Nordsee und die Gedanken schweifen lassen. Der ausgewiesene Hundebereich ist knapp 5.000 Quadratmeter groß. Frisch gebadet und geduscht geht es zurück zum Auto, wo die Fellnasen während der Fahrt zufrieden schlummern und vom nächsten Ausflug nach Neßmersiel träumen …

Leckerlis machen das Training leichter. Vor dem Besuch des Fun-Agility-Parks lohnt sich ein Stopp beim Piepmatz Futtershop.

# 50

**Im Watt wandern**
Ausgangspunkt: Stand mit Wattwurm-Logo
Neßmersieler Hafen
Strandstraße
26553 Dornum-Neßmersiel
www.wattwandern.info

**Baltrum-Linie**
Geschäftsstelle Baltrum
Am Hafen Haus 278
26579 Baltrum
04939 91300
www.baltrum-linie.de

# WASSERFESTE WELTENBUMMLER

## Im Watt wandern bei Neßmersiel

Einen Spaziergang über den Meeresboden haben die wenigsten Menschen schon einmal mit ihren Hunden gewagt. Doch es lohnt sich! Weicher Schlick, unbekannte Gerüche oder andersartige Lebewesen sorgen für spannende Sinneseindrücke. Wenn gemeinsam knietiefe Priele durchwatet werden, können Zwei- und Vierbeiner auf ihre Teamleistung ganz schön stolz sein! Obwohl die Nordsee bei Ebbe friedlich erscheint, finden solche Ausflüge stets in Begleitung ortskundiger Experten statt. Diese kennen das Watt wie ihre Westentasche und führen fleißige Wanderer sicher vor der nächsten Flut ans Festland zurück.

Verschiedene Touren starten zum Beispiel ab Neßmersiel. Der kleine Küstenbadeort ist nur einen Katzensprung von der ostfriesischen Insel Baltrum entfernt – warum also nicht einfach rübergehen? Für die gut 6,5 Kilometer lange Strecke mit schlammigem Untergrund ist ein wenig Kondition erforderlich. Auch etwas kürzere Streifzüge im küstennahen Bereich bringen Spaß. Wie ihre Kollegen hat die staatlich geprüfte Wattführerin Jessica Supthut die richtige Route für jeden Anspruch parat und weiß außerdem, was es in Hundebegleitung zu beachten gibt. Unter anderem, die Vierbeiner zum Schutz des sensiblen Ökosystems nicht von der Leine zu lassen und dass diese aus möglichst salzwasserunempfindlichem Material – wie Biothane – hergestellt sein sollte.

Um scharfkantige Muschelbänke werden weite Bögen gemacht, ein spezieller Pfotenschutz ist daher allgemein nicht erforderlich. Unter fachkundiger Anleitung ist auch ein Aufeinandertreffen mit frechen Strandkrabben ungefährlich. Die Dauer der Exkursion beträgt inklusive Pausen etwa drei Stunden. Daher gehören ein paar Snacks und Getränke (Napf nicht vergessen) ins persönliche Gepäck. So ausgerüstet gibt es in der Gruppe mit maximal 20 sozialverträglichen Hunden »Watt satt«.

Die *Baltrum-Linie* befördert auf ihren Fähren auch vierbeinige Bordgäste. Eine entspannte Rückfahrt von Baltrum nach Neßmersiel dauert etwa 40 Minuten.

51

**Gezeitenpfad**
Ausgangspunkt:
Am Bootshafen
Westdorf
26579 Baltrum

**Freilauffläche Hellerweg**
Hellerweg
26579 Baltrum

**Kurverwaltung Nordsee-heilbad Insel Baltrum**
Rathaus, Westdorf 130
26579 Baltrum
04939 8028
www.baltrum.de

# SONNE, MOND UND EBBE

Gezeitenpfad

Die Nordsee hat ein wechselhaftes Wesen. Zweimal am Tag ist sie voll da und zieht sich dann wieder zurück. Beeinflusst werden die Gezeiten von der Sonne und dem Mond, welcher die Wassermassen ähnlich wie ein Magnet bewegt. Unterstützt wird er dabei von der Sonne, abhängig von ihrem Stand. Auf der dem Mond zu- sowie abgewandten Erdseite entsteht ein Flutberg. Als Folge der Rotation unseres Planeten entweicht das Wasser der Anziehungskraft des Satelliten, bis es elfeinhalb Stunden später wieder seinen Hochstand erreicht. Diesem Spektakel können Spaziergänger auf der Insel Baltrum begegnen – »live« oder in Form eines Lehrwegs.

Der Gezeitenpfad beginnt beim Bootshafen, wo die Besucher an einem interaktiven Modell selbst Sonne, Mond und Erde drehen dürfen. Von hier führt der knapp sieben Kilometer lange Rundweg durchs Dorf und über die Promenade in Richtung Badestrand. Entlang der gesamten Strecke verraten verschiedene Stationen die regionalen Besonderheiten der Natur sowie persönliche Geschichten der Insulaner. Für Vierbeiner ist es spannend, die abwechslungsreiche Umgebung zu erschnüffeln. Dabei wird im Nationalpark Niedersächsisches Wattenmeer grundsätzlich an der Leine gewandert.

Landeinwärts können Experimentierfreudige an einem Modell in den Dünen die Wirkung von Sand und Wind testen oder an der übernächsten Position eigenes Süßwasser fördern. Etwas weiter ertönt vor allem von April bis Juli lustiges Geschnatter – dann brütet neben dem Gezeitenpfad die größte Lachmöwenkolonie Deutschlands. Ein öffentliches Fernrohr präsentiert das fröhliche Vogeltreiben. Danach kommen auch Hunde auf ihre Kosten und flitzen unterhalb des Deiches am Hellerweg frei herum. In den restlichen Rückweg bringt das Wellenmodul frischen Schwung, bevor das Baltrumer Nationalpark-Haus den fachlich passenden Endpunkt bildet.

Das Bundesamt für Seeschifffahrt und Hydrographie veröffentlicht auf www.bsh.de aktuelle Gezeitendaten für unterschiedliche Gebiete.

52

**Das WindHundHuus**
Amselstraße 23
26553 Dornum-Neßmersiel
0171 3818655
www.daswindhundhuus.de

**Diekrunner**
Sophienhof
26524 Hagermarsch-Junkersrott
04938 915787
www.diekrunner.de

# EINKLANG DER ELEMENTE

Ferienwohnung *Das WindHundHuus* in Neßmersiel

Der Wind dirigiert die Wolken und das Wetter. Kaum woanders erlebt man den Wechsel von Regen zu Sonne so intensiv wie an der Nordseeküste. Gemeinsam die Natur genießen und später gemütlich entspannen, gehört zu den schönsten Seiten des Hunde(halter)lebens. Ein Ort, an dem Zwei- und Vierbeiner finden, was sie zum Wohlfühlen brauchen, ist *Das WindHundHuus*. Nicht weit entfernt vom Meer hat Familie Janik eine wunderbare Ferienwohnung für Fellnasenfreunde eingerichtet.

Welche Rasse die Gastgeber inspiriert, machen der Name sowie die Accessoires des Domizils deutlich. Edle Galgos oder das hauseigene Design zieren zum Beispiel Becher, Beutel, Kissen, Handtücher und sogar Pullover. Selbstverständlich sind den sympathischen Vermietern auch alle anderen Hunde herzlich willkommen. Für diese stehen hochwertige Körbchen und Näpfe in der gepflegten Unterkunft bereit. Damit sich tierische Touristen schnell zuhause fühlen, gehören Decken mit dem gewohnten Geruch ins Gepäck. Ansonsten versprechen stilvolle Möbel sowie moderne Geräte umfangreichen Komfort. Menschen machen es sich am liebsten im rustikalen Ohrensessel neben dem Kaminofen oder im ortstypischen Strandkorb auf der Terrasse bequem. Dazu bietet der umzäunte Garten einen tollen Feldblick und viel Platz zum Toben.

Bis zu fünf Personen samt Vierbeinern sind im *WindHund-Huus* gut aufgehoben. Von dort aus lässt sich die ostfriesische Halbinsel optimal erkunden. Nach Aurich fährt man gerade mal 30 Minuten – genau so lange dauert es zu Fuß zum Strand. Der kleine Badeort Neßmersiel bietet für Besucher mit vier Pfoten volles Programm. Ob sportlich auf dem Fun-Agility-Platz, spielend auf der Freilauffläche oder spazierend im Watt – hier ist jeder in seinem Element!

Mit ihrer Manufaktur *Diekrunner* verkauft Sandra Rausch bestickte Halsbänder für Windhunde und andere Rassen sowie praktische Hüfttaschen für Frauchen und Herrchen.

# 58

**Schlosspark Lütetsburg**
Landstraße 39
26524 Lütetsburg
04931 4254
www.schlosspark-luetetsburg.com

**Schlossparkcafé Lütetsburg**
Landstraße 39
26524 Lütetsburg
04931 1750
www.schlossparkcafe-luetetsburg.de

# VIEL PLATZ FÜR POESIE

## Schlosspark Lütetsburg

»Ein uraltes Schloss am Meeresstrand; ein herrlicher Park im baumlosen Land«. Inspiriert von dessen Schönheit, beschrieb Theodor Fontane mit diesen Versen den Schlosspark Lütetsburg 1882 in seinem Gedicht *Lützburg*. Nur wenige Kilometer von der Wattküste entfernt, gehört die Anlage im frühromantischen Stil zu den letzten dieses Typs auf dem europäischen Kontinent. Rund 30 Hektar Gesamtfläche liefern genug Raum, um sich in den zauberhaften Gestaltungen zu verlieren. Ganzjährig für Besucher zugänglich, flanieren Hunde auf den weitläufigen Wegen an der Leine. Allerdings gibt es hier keine Mülleimer, sodass Hundekotbeutel erst nach dem Verlassen des Geländes entsorgt werden können.

Der große Landschaftsgarten ist das Lebenswerk von Reichsfreiherr Edzard Mauritz zu Inn- und Knyphausen (1748–1824). Seit vielen Generationen dient Schloss Lütetsburg als Familiensitz, der seine Türen nicht für Besichtigungen öffnet. Diverse Parkelemente stehen in Verbindung mit persönlichen Ereignissen der Inn- und Knyphausen. Zum Beispiel die im Gedenken an Edzard Mauritz' Mutter sowie an seine erste Frau errichtete Steinpyramide oder der sogenannte Freundschaftstempel. Poetische Pausen finden an Sitzbänken mit prunkvollen Inschriften statt. Mit Rhododendren geschmückte Rasenflächen und mit Azaleen gesäumte Alleen präsentieren von Mai bis Juni eine bunte Blütenpracht. Die Vielfalt der mehr als 150 exotischen oder heimischen Pflanzen ist faszinierend.

Vorbei an verträumten Teichen sowie Kanälen können Zwei- und Vierbeiner die Zeit vergessen. Damit Kindern unterwegs nicht langweilig wird, stehen für kleine Kraftfahrer elektrobetriebene Mini-Landrover zur Verfügung. Dazu gibt es im Park-Shop unter anderem eine Auswahl an spielerischen Ritterutensilien. Und wer sich selbst etwas gönnen möchte, greift zu den erlesenen Tropfen vom Weingut Baron Knyphausen oder dem »Knyphausen Taler«, einer historischen Münze aus Schokolade.

Im ehemaligen Gewächshaus werden unter gut 50 Jahre alten Rebstöcken die Spezialitäten des Schlossparkcafés Lütetsburg serviert – zum Beispiel der beliebte Lütets-Burger.

54

**Ostfriesisches Teemuseum Norden**
Am Markt 36
26506 Norden
04931 12100
www.teemuseum.de

# »Dreimal ist Ostfriesenrecht«

## Ostfriesisches Teemuseum Norden

Eine traditionelle »Teetied« bedeutet Gastfreundschaft und Gemütlichkeit. Bei dieser kulinarischen Gepflogenheit geht es nicht darum, den Durst zu stillen, sondern die Atmosphäre zu spüren. Im nordwestlichen Niedersachsen gehört es seit Jahrhunderten zum guten Ton, seinem Besuch einen Tee anzubieten. Drei Tassen gelten als Ostfriesenrecht! Die damit verbundene Zeremonie ist einzigartig: Erst wird ein »Kluntje« (großer Kandiszucker) in die Tasse gelegt. Wenn dieser beim Eingießen der aufgebrühten Mischung knistert, weiß man, dass diese heiß genug war. Dann wird mit einem Löffel flüssige Sahne in das Getränk gegossen und nicht gerührt – der Rahm soll sanft verschmelzen.

Das authentische Zubereiten und anschließende Probieren gehört auch im Ostfriesischen Teemuseum Norden zum Programm. In den schönen Räumen des einstigen Rathauses dürfen sogar vierbeinige Gäste am Brauchtum schnuppern und ihre Menschen durch die spannende Ausstellung begleiten. Da sorgt unter anderem eine schwebende Teetafel für Staunen und beweist, dass dieses Thema zwar alt, aber nicht angestaubt ist. Mit persönlichen Führungen, modernen Multimedia-Guides oder spielerischen Entdeckertaschen gibt es für Kinder und Erwachsene diverse Möglichkeiten, die teilweise interaktiven Stationen zu erleben. Ein passend gestaltetes Aktionsprogramm ergänzt das Angebot zum Beispiel durch kreative Workshops wie das beliebte Porzellanmalen.

Tee zieht immer – auch in der offenen Museumsküche. Beim Besuch der Dauer- sowie wechselnden Sonderausstellung rund um Themen wie Anbau, Anrichten, Geschirr und Geschichte darf die Verkostung nicht fehlen. Satte 300 Liter Tee trinkt jeder Ostfriese schätzungsweise pro Jahr. Nach diesem Ausflug kommen bestimmt noch mehr Genießer auf den Geschmack.

In herrlich historischer Atmosphäre schlendert man unter großen Linden durch den gegenüberliegenden Park am alten Friedhof.

## 55

**Smutje**
Neuer Weg 89
26506 Norden
04931 94250
www.stadthotelsmutje.de

**Café ten Cate**
Osterstraße 153
26506 Norden
04931 2420
www.cafe-ten-cate.de

# HEIMATHAFEN FÜR HUNGRIGE

Stadthotel Restaurant *Smutje*

Auf einem Schiff kümmert sich der »Smutje« um das leibliche Wohl seiner Crew. Auch an Deck des gleichnamigen Stadthotels und Restaurants gilt maritime Gastlichkeit. In einer ruhigen Seitenstraße des Einkaufsviertels betreibt Familie Weber ihren Ankerplatz für Erholungsuchende. Hunde sind ebenfalls willkommen und freuen sich über das obligatorische Begrüßungsleckerli. Ein Napf wird für die Dauer des Aufenthalts von der Herberge gestellt, das gewohnte Hundebett wird von daheim mitgebracht. Besucher des Drei-Sterne-Hauses beziehen die norddeutschen Inseln: *Norderney*, *Baltrum* oder *Langeoog* heißen die modernisierten Einzel- und Doppelunterkünfte. Komfort-Appartements, Familienzimmer sowie eine Ferienwohnung im Nebengebäude ergänzen das Angebot. Ostfriesische Lebensart beeinflusst jeden Bereich – atmosphärisch wie kulinarisch.

Die renovierte Teestube ist der perfekte Treffpunkt zum täglichen Frühstücksbuffet mit frisch ausgewählten Köstlichkeiten. Regionales und Saisonales steht auch im hauseigenen Restaurant auf der Speisekarte. Hier kombiniert die Küche traditionelle Klassiker mit neuen Ideen. Zu *Smutje*-Spezialitäten wie Steaks vom Lavasteingrill oder Premium-Burgern wird das passende Craft-Bier oder Wein serviert. Einheimische und Touristen klönen bei kulinarischen Events – unter anderem dem *Krimidinner* – auf der lauschigen Terrasse.

Fans von Ostfriesland-Romanen kennen das denkmalgeschützte Haus aus den bekannten Regionalkrimis von Klaus-Peter Wolf, oder weil sich in dem Gebäude früher auch eine Buchhandlung befand. Der seit 1984 als *Smutje* bekannte Betrieb ist ein praktischer Startpunkt für Ausflüge in die Region. Die gerade mal sechs Kilometer bis an den Strand und nach Norddeich sind mit dem Fahrrad kein Problem. Zu Fuß geht es auf einen Schaufensterbummel durch das Zentrum von Norden. Schöne Souvenirs findet man zudem im *Smutje*-Shop.

Wenige Straßen weiter werden mit der Kult-Konditorei *Café ten Cate* Torten- und Trüffelträume wahr.

# 56

**Hundestrand Norddeich**
Ausgangspunkt:
Parkplatz Deichstraße
26506 Norden-Norddeich

**Tourismus-Service Norden-Norddeich**
Dörper Weg 22
26506 Norden-Norddeich
04931 986200
www.norddeich.de

## ORDENTLICH WAS LOS

### Hundestrand Norddeich

Der kleine Küstenbadeort Norddeich ist ein Erlebnis-Eldorado und bietet Freizeitvergnügen für die ganze Familie. Bei schönem Wetter herrscht an Land, zu Wasser oder in der Luft ein munteres Treiben. Buntes Badezubehör und farbenfrohe Flugdrachen untermalen die lebendige Kulisse. Damit jeder den Tag am Meer nach seinem Gefallen gestalten kann, gibt es verschiedene Bereiche. Infolge einer baulichen Umstrukturierung haben sich auch die Angebote für Hundehalter verändert.

Die Freilauffläche findet man künftig mit neuen Annehmlichkeiten an der westlichen Wasserkante. Auf dem eingezäunten Sandgelände toben Vierbeiner leinenlos. Einen gelungenen Aufenthalt fördern zudem die von April bis September aufgestellten Sitzbänke, Strandkörbe (sogar spezielle für Hunde), ein Agility-Parcours sowie die Dusch- und Trinkmöglichkeit für Fellnasen. Außerhalb des Areals können Gäste mit vierbeinigen Begleitern ebenfalls viel erleben. Beispielsweise führt seitlich vom Hundeplatz eine separate Treppe ins Wattenmeer. Die dort ausgewiesene Zone III wird bis 31. März und ab 16. Juli (nach dem Ende der offiziellen Brut- und Setzzeit) gemeinsam ohne Leinenzwang genossen.

Frontal des Hundestrandes befindet sich eine von insgesamt fünf Treppenanlagen mit Sitz- oder Liegestufen. Sowohl diese als auch alle anderen Meeresterrassen samt Wattfenster sowie die als Rundweg angelegte Promenade dürfen ganzjährig mit an kurzer Leine geführten Vierbeinern genutzt werden. Genauso der Dünenlehrpfad plus die Plaza. Ab November bis Februar können Spaziergänger mit angeleinten Hunden zusätzlich den restlichen Badestrand und die Holzbohlenwege erkunden. Um »Tretminen« zu vermeiden, gibt es an diversen Standorten nützliche Kotbeutel-Stationen.

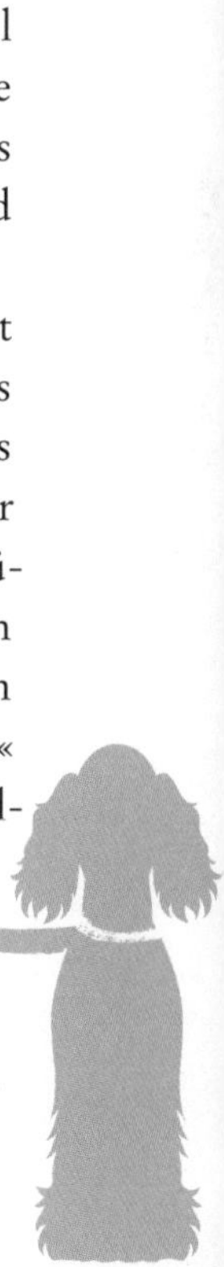

Meistens im Mai steigt in Norddeich das *Drachenfest am Meer*, bei dem Piloten aus dem In- und Ausland ihre fantasievollen Flugobjekte vorführen.

57

**Erlebnispark Norddeich**
Dörper Weg 25
26526 Norden-Norddeich
04931 917683
www.erlebnispark-norddeich.de

# SPÜRNASEN UND BALL-AKROBATEN

## Erlebnispark Norddeich

Verwinkelte Hecken oder verschlungene Bahnen stellen die Besucher im Erlebnispark Norddeich vor vertrackte Herausforderungen. Die gepflegte Anlage bietet mit dem Rätsel-Irrgarten oder Abenteuer-Golfpark gelungene Outdoor-Aktivitäten für alle Altersklassen. Wenn Eltern und Kinder, Paare und Freunde, Senioren und Sportler ihre Geschicklichkeit testen, steht der Spaß im Vordergrund. Das freundliche Personal erklärt die Spielregeln und los geht's! Auf dem gesamten Gelände bleiben Vierbeiner an der Leine, denn man möchte sich nicht verlieren – das könnte im variablen Labyrinth durchaus passieren. Bitte Beutel für eventuelle Hunde-Hinterlassenschaften selbst mitbringen!

Auf gut 1.600 Quadratmetern gilt es, zwischen hohen Thujahecken den Weg zur Aussichtsbrücke im Zentrum des Irrgartens zu finden. In den gepflasterten Gängen sorgen unter anderem Tafeln mit optischen Täuschungen für Staunen. Ergänzend sind 20 Quizfragen entlang der Strecke versteckt, deren Antworten auf der Eintrittskarte angekreuzt werden können, um an einem monatlichen Gewinnspiel teilzunehmen. Die Rätsel und Routen wechseln während der Hauptsaison täglich. Hat man einen Hund dabei, kann man versuchen, dass ein Familienmitglied vorläuft und die Spürnase dessen Fährte verfolgt. Spätestens am Ziel darf ein Leckerli nicht fehlen! Die Aussichtsbrücke erreicht man durchschnittlich nach 45–60 Minuten.

Zum Erlebnispark Norddeich gehört auch der Abenteuer-Golfplatz. Die 18 Bahnen aus Kunstrasen sind größer als beim bekannten Minigolf und dürfen betreten werden. Hindernisse wie Bodenwellen oder Baumstämme machen es spannend, den Ball mit möglichst wenigen Manövern vom Start ins Loch zu spielen. Das Par des Parcours liegt bei 52 Schlägen (durchschnittliches Profi-Ergebnis). Die besten Ball-Akrobaten schwingen sogar nur 34 Mal den Schläger!

In dem zum Freizeitcenter gehörenden Kiosk-Café mit Terrasse können sich Erlebnishungrige stärken.

# 58

**Birgits Tiergarten**
(Regulär geöffnet von März–Oktober)
Tannenstraße 18
26529 Rechtsupweg
04934 1345
www.birgits-tiergarten.de

**Trimm den Struppi**
Heidkamp 6
26556 Westerholt-Willmsfeld
0173 2585851

# EINE FAMILIE FÜR ALLE FELLE

Birgits Tiergarten

Wie kommt man zu einem eigenen Zoo? Im Fall von Familie Philipps durch eine Zeitungsanzeige. Besonders für Mutter Birgit erfüllte sich mit dem Erwerb der ursprünglich privaten Parkanlage ein Traum. Sie pflegt und hegt das Tierparadies zusammen mit ihren Angehörigen. Langweilig wird es auf dem liebevoll gestalteten Gelände weder für Betreiber, Bewohner noch Besucher. In und um die rund 50 Gehege herrscht ein fröhliches Treiben. Teilweise sind die felligen sowie gefiederten Hauptfiguren auch freilaufend unterwegs. Deshalb bleiben Hunde besser an der Leine. Zum Eintritt erhalten vierbeinige Freunde einen Kotbeutel und ein Leckerli. Der Kauf von hauseigenem Futter für die tierischen Publikumsmagneten lohnt sich – so ausgerüstet kann die ostfriesische Safari starten.

Wenn sich die Pappschachtel mit den Pellets öffnet, dauert es nicht lange, bis hungrige Mäuler am Holzzaun erscheinen. Zum Beispiel Lamas, Ponys, Esel oder Schweine sind wenig kontaktscheu und präsentieren ihre unterschiedlichen Persönlichkeiten. Exotischer wird es mit den Kängurus und Emus. Seltene Hausschafe wie Skudden oder regionale Milchschafe darf man ebenfalls kennenlernen. In natürlicher Umgebung werden die romantischen Teiche, Backsteinmauern oder Pflanzen von stolzierenden Pfauen in prächtigem Federkleid geschmückt.

Auch eine Streichelwiese und ein Spielplatz gehören zur Anlage. Zwischendurch wird eine Pause am Kiosk oder Terrassencafé eingelegt. Neben persönlichen Führungen, Kindergeburtstagen und Hundeschulgruppen prägen Sonderveranstaltungen wie die Ostereiersuche, das Sommerfest oder der Weihnachtsmarkt das Programm. Dabei sollte man sich von der Idylle nicht täuschen lassen, denn Birgits Tiergarten ist auch der Tatort in Klaus-Peter Wolfs Kriminalroman *Ostfriesensturm*.

Nach dem spannenden Ausflug gibt es entspannende Pflege im Hundesalon *Trimm den Struppi*.

# 59

**Dörpmuseum Münkeboe**
(Geöffnet von
März–Oktober)
Mühlenstraße 3a
26624 Südbrookmerland
04942 646
www.doerpmuseum-
muenkeboe.de

**Biohof Frerichs**
Ol Streek 94
26607 Aurich-Tannhausen
04941 9740640
www.biohof-frerichs.de

## HANDWERK ZUM ANFASSEN

### Dörpmuseum Münkeboe

Einen Schmied bei seiner traditionellen Arbeit zu beobachten, ist beeindruckend. Noch spannender wird es, selbst den Hammer in die Hand zu nehmen und den Amboss »singen« zu lassen. Möglich ist das im Dörpmuseum Münkeboe, das seine Gäste in die Gemeinschaft eines historischen Moorranddorfes aufnimmt und wo jeder mit anpacken kann. Die originalen Gebäude offenbaren authentische Einblicke in das Leben und Werken der ländlichen Bevölkerung von einst. Wenn an den Aktionstagen (jeden ersten Samstag von Mai bis Oktober) die Fachleute ihr Geschick zeigen und der Steinbackofen für Stärkung sorgt, fühlt man sich in der Vergangenheit zuhause.

Hunde dürfen das große Museumsdorf ebenfalls betreten und – verbunden durch die Leine – mit ihren Menschen das Gelände erkunden. Zur Anlage gehört außerdem die gegenüberliegende, voll funktionsfähige Windmühle. Deren Restaurierung führte zur Gründung des Dörpmuseums, das alte Bauwerke und Gerätschaften in neuem Glanz erstrahlen lässt. Die Zeitreise beginnt mit einem Besuch der Schmiede. Dort werden unter anderem Beschläge für die Räder aus der angrenzenden Stellmacherei gefertigt. Das Holz für die Schubkarren liefert wiederum die hofeigene Sägerei. So viel Schaffenskraft macht durstig, da kommt der *Dorfkrug* wie gerufen – in diesem gemütlichen Treffpunkt geht es dank der integrierten Destille auch hochprozentig zu.

Auf andere Weise gesellig ist das Kolonistenhaus. Hier teilten sich im 19. Jahrhundert die Siedler mit der gesamten Familie nur einen Raum, in dem zusätzlich Handarbeiten stattfanden, die anderen Gebäudeteile wurden landwirtschaftlich genutzt. Da waren die Kinder froh, wenn es raus in die Dorfschule ging – wären die Lehrer nur nicht so streng gewesen. Heute haben es die »Lütten« leichter und fahren gelegentlich sogar eine Runde auf den ehrwürdigen Traktoren mit. Als kulinarischer Abschluss empfehlen sich die backfrischen Museumsbrötchen aus dem Kolonialwarenladen.

Leckere Produkte aus moderner Landwirtschaft sowie eigener Herstellung bietet der Biohof Frerichs in seinem hübschen Selbstbedienungsladen an.

60

**Schoonorther Mühle**
Schoonorther
Möhlenhörn 22a
26736 Krummhörn
06691 24175
www.happels.de

**Schoof's Mühlencafé**
(Geöffnet von
April–Oktober)
Mühlenstraße 2c
26736 Krummhörn-
Greetsiel
04926 2154
www.muehle-schoof.de

# AUSZEIT AUF MÜLLERS ART

## Ferienhaus Schoonorther Mühle

Markante Windmühlen gehören zu den Wahrzeichen der Gemeinde Krummhörn im äußersten Nordwesten von Niedersachsen. Überregional bekannt sind die »Zwillingsmühlen« am Ortseingang des Fischerdorfes Greetsiel. Auch die Schoonorther Mühle leistete fast 150 Jahre lang ihren Dienst. Die originale Inschrift über der großen Eingangstür verweist auf das Baujahr 1804. Mittlerweile hat Familie Happel das historische Gebäude zu einem hundefreundlichen Domizil gestaltet, das Geschichte erlebbar macht.

Am ruhigen Ende einer Sackgasse thront der sogenannte Galerieholländer. Um eine flutgeschützte und windgünstige Höhe zu erreichen, baute man die Mühle auf den Deich, der damals die Landschaft zierte. In der traditionellen Windkraftanlage wurde unter anderem Getreide zerkleinert. An die ursprüngliche Arbeit erinnern der schwere Mühlstein vor dem Haus sowie der Mühlsteinheber im zweiten Stock. Nachdem die Konstruktion 1951 durch einen Sturm beschädigt wurde, ließ der Müller das Oberteil samt Flügeln abmontieren. Seit dem Ende des handwerklichen Betriebs ist aus dem hübschen Bauwerk ein Wohnhaus geworden.

Liebevoll renoviert und modern eingerichtet, erwartet bis zu vier Gäste eine besondere Unterkunft. Die mächtigen Holzbalken sorgen in den drei Etagen für ein außergewöhnliches Ambiente. Auch die offenen Treppen sind erhalten – dass diese ziemlich steil verlaufen, sollte für einen Aufenthalt samt kleinen Zwei- oder großen Vierbeinern bedacht werden. Im Erdgeschoss mit gemütlichem Kaminofen, hellem Wintergarten und umzäuntem Grundstück können Urlauber ihre Ferien ungestört genießen. Die angrenzende Natur lädt zu abwechslungsreichen Ausflügen bis an die Leybucht ein. Im Gartenhaus stehen neben zwei Fahrrädern »on top« eine Wanne und ein Wasserschlauch als Hundedusche bereit.

In Schoof's Mühlencafé werden auf einer gemütlichen Terrasse ostfriesische Pfannkuchen aus selbstgemahlenem Vollkornmehl serviert. Für Fellnasen gibt es einen Trinknapf.

61

**Kutterhafen**
Sielstraße
26736 Krummhörn-Greetsiel

**Tourist-Information Greetsiel**
Zur Hauener Hooge 11
26736 Krummhörn-Greetsiel
04926 91880
www.greetsiel.de

**Ferienwohnung Krabbenkorb**
Ant Hellinghus 24a
26736 Krummhörn-Greetsiel
04926 9279140
www.krabbenkorb-greetsiel.de

## ZUM GLÜCK GIBT'S »GRANAT«

Kutterhafen Greetsiel

Wie aus einem Bilderbuch wirkt das Dorf Greetsiel mit seinen vorgelagerten Mühlen, verwinkelten Gassen und dem verträumten Hafen. Zur Hauptsaison kommt der knapp 1.500 Einwohner kleine Ort an seine Kapazitätsgrenze. Die vielen Gäste meistern Gastronomen und Geschäfte allerdings mit geduldiger Gelassenheit. Auch für das Wohl vierbeiniger Besucher ist mit gefüllten Wassernäpfen gesorgt. Wenn die Zweibeiner dazu noch etwas von dem köstlichen Krebsfleisch abgeben, ist das Glück perfekt!

Eine der größten Kutterflotten Ostfrieslands – durchschnittlich 25 traditionelle Schiffe – verpflegt das Fischerdorf mit wertvoller Fracht. Die bundesweit berühmten Nordseekrabben kann man hier fangfrisch unter dem Namen »Granat« genießen. Ihr natürliches milchig-graues Aussehen verlieren die Meerestiere erst beim Kochen, dann bildet sich die bekannte rötliche Farbe. Besonders gut schmecken die kalorienarmen und eiweißreichen Garnelen zu Schwarzbrot oder Rührei. Viele hervorragende Lokale und hübsche Läden befinden sich in den historischen Giebelhäusern des Ortskerns. Diese Gebäude aus dem 18. Jahrhundert stehen zum Beispiel entlang der Sielstraße. An den Fronten verraten kunstvolle Wappen mehr über Baujahre sowie Besitzer. Das über 200 Jahre alte Sieltor ist ein traditioneller Treffpunkt für Jung und Alt.

Als Verbindung zur Nordsee fungiert die einige Kilometer entfernte Schleuse Leysiel. Bis zu acht Kutter können hier gleichzeitig passieren. Nur die Gezeiten müssen draußen bleiben! Durch eine der ersten dokumentierten Sturmfluten entstand im Jahr 838 die angrenzende Leybucht. Ursprünglich bis zu 129 Quadratkilometer groß besitzt diese nach umfangreicher Eindeichung heute eine Fläche von etwa 19 Quadratkilometern. Das genügt, damit Hund und Halter den Trubel hinter sich und die Leine länger lassen können.

In der komfortablen Ferienwohnung Krabbenkorb kommen bis zu sechs Personen plus Fellnase unter – vierbeinige Begleiter sind hier sogar kostenfrei.

62

**Osterburg**
An der Osterburg 1–3
26736 Krummhörn-
Groothusen
04923 805468
04923 9275323 (Café und
Restaurant)
www.osterburg-
groothusen.de

**Upstalsboom**
Ausgangspunkt:
Kreuzung Am Upstals-
boom / Zur Thingstätte
26605 Aurich
www.ostfriesischeland-
schaft.de

# HÄUPTLINGE UND HAUSGEMACHTES

## Osterburg in Groothusen

Das Wesen der »Friesischen Freiheit« verkörpert der besondere – manche sagen eigensinnige – Menschenschlag entlang der niedersächsischen Nordseeküste. Bereits im Mittelalter verwalteten die Einheimischen viele Angelegenheiten selbstständig. Dazu gab es einen genossenschaftlichen Bund autonomer Landgemeinden mit eigenen Anführern. Das Häuptlingsgeschlecht Beninga gehörte zu den einflussreichsten und hat unter anderem durch die 1490 erbaute Osterburg sichtbare Spuren hinterlassen. Seit vielen Generationen erhält die Besitzerfamilie Kempe das historische Ensemble und sorgt dafür, dass eines der bedeutendsten ostfriesischen Bauwerke bis heute besichtigt werden kann.

Wer Einblicke in das Leben der berühmten Bewohner erhalten möchte, dem sei eine Burgführung empfohlen. Die Ahnengalerie mit bedeutsamen Porträts, eine Bibliothek mit wertvollen Originalen oder der Raum mit goldlederner Tapete bleiben auch vierbeinigen Begleitern nicht verschlossen – Stubenreinheit und Benehmen vorausgesetzt. Als begehbares Denkmal ist die zur Osterburg gehörende Parkanlage ebenfalls für Besucher geöffnet. In dem Landschaftsschutzgebiet spazieren Hunde an der Leine. Das Gehölz bietet eine romantische Kulisse aus beeindruckenden Bäumen und barocken Elementen. Eines der beliebtesten Motive ist die Allee mit Blick auf die Statue des Flöte spielenden Pans.

Vor oder nach der Exkursion gibt es hausgemachte Speisen im gemütlichen Burgcafé und Restaurant – Fellnasen dürfen auch hier herein. Die klassische Küche setzt auf regionale Qualität. Diese kommt von mittags bis abends auf den Tisch. Ein Highlight ist das hervorragende Kuchenangebot. Bei der Ostfriesentorte mit beschwipsten Rumrosinen würden selbst starke Häuptlinge schwach werden.

Der Upstalsboom-Hügel bei Aurich diente als Versammlungsstätte für die Abgesandten der friesischen Landgemeinden. Von der Kreuzung Am Upstalsboom/Zur Thingstätte führt ein Fußweg mit Infotafeln zur nachträglich dort errichteten Steinpyramide.

# 63

**Spaziergang zum Campener Leuchtturm**
Ausgangspunkt: Parkplatz Mollweg
26736 Krummhörn-Campen
www.greetsiel.de

**Camping am Deich**
Erbsenbindereistraße 3
26736 Krummhörn-Upleward
04923 525
www.camping-am-deich.de

## »DOGWALK« AUF DEM DEICH

### Spaziergang zum Campener Leuchtturm

Leichte bis schwere Sturmfluten beeinflussen die niedersächsische Nordseeküste. Hier schützen sich Menschen seit dem Mittelalter durch kilometerlange Deiche vor den Kräften der Natur. Um die Stabilität der wichtigen Wallanlagen zu bewahren, dürfen Hunde diese nicht betreten. Dafür gibt es gute Gründe, so sollen zum Beispiel die landschaftspflegenden Schafe nicht bei der Arbeit gestört werden. Aber kein Verbot ohne Ausnahme: Den Weg zum Campener Leuchtturm können Zwei- und Vierbeiner als Grenzgänger zwischen Land und Meer genießen.

Startpunkt ist der Parkplatz beim Kiosk *Watt'n Blick*. Direkt nebenan wurde der sogenannte Trockenstrand als Spiel- und Sportanlage saniert. Eine auch mit Pfoten leicht zu bewältigende Treppe führt auf den Damm. Die Leine muss während des gesamten Spaziergangs dranbleiben – dafür ist der Blick frei. Mittig zwischen Watt und Wiesen machen Dobermänner oder Dackel den Deich zu ihrem »Dogwalk«. Dieser verläuft geradewegs zum »ostfriesischen Eiffelturm«. Im Jahr 1889 wie sein französischer Verwandter erbaut, ähnelt das Campener Leitfeuer diesem auch architektonisch. Das über 65 Meter große Stahlfachwerk ist der höchste Leuchtturm von Deutschland!

Wer die mehr als 300 Stufen meistert, wird bei guter Sicht mit einem Blick bis nach Borkum belohnt. Während der regulären Öffnungszeiten können Kinder ihr »Leuchtturm-Diplom« ablegen und erhalten eine offizielle Urkunde. Für Hunde ist das Gebäude nicht geeignet, aber auch auf dem umliegenden Gelände wird es Mensch und Vierbeiner nicht langweilig. Hier befindet sich unter anderem der Seezeichen-Garten mit Pegel, Poller und Co. Durch die Fenster des Maschinenhauses lässt sich ein Blick auf den noch immer funktionstüchtigen Dieselmotor von 1906 werfen, der damals den Generator des Leuchtfeuers betrieben hat. Leckere Stärkungen und lustige Souvenirs runden den Besuch ab.

Beim benachbarten Camping am Deich sind Hunde auf allen Stellplätzen herzlich willkommen. Verpflegung für Vierbeiner ist im Minimarkt erhältlich.

64

**Strandlust**
(Geöffnet von
April–Oktober)
Jannes-Ohling-Straße 39
26723 Emden
04927 187830
www.die-strandlust.de

**AG EMS**
Zum Borkumanleger 6
26723 Emden
01805 180182 (kosten-
pflichtige Rufnummer)
www.ag-ems.de

## OASE IM NIEMANDSLAND

Restaurant *Strandlust*

Der Ausflug in diese Ecke von Ostfriesland ist ein eigentümliches Erlebnis. Wilde Natur und wuchtige Industrie bestimmen die Kulisse an der Knock. Ihren Namen hat die Region von einem ehemaligen Ort, der einst in der Ems versank. Damit so etwas nicht nochmal passiert, reguliert das zuständige Siel- und Schöpfwerk ein etwa 35.000 Hektar großes Gebiet. Zwei beeindruckende Herren wachen über den Betrieb am Knockster Tief: Die Bronzeskulpturen von Friedrich dem Großen sowie Kurfürst Friedrich Wilhelm sind Geschenke der Stadt Emden an den Ersten Entwässerungsverband, der hier tätig ist. Im weiteren Verlauf weist ein futuristischer Radar- und Leuchtturm den Weg. Am Deich entlang Richtung Nordwesten führt die Straße auf den kostenfreien Parkplatz am Flussdelta.

Neben der Stellfläche serviert das Restaurant *Strandlust* kulinarische Köstlichkeiten inklusive Meerblick. Wer Glück hat, ergattert einen gemütlichen Strandkorb vor der gepflegten Gastronomie. Angeleinte Vierbeiner sind sowohl im Außen- als auch im Innenbereich willkommene Gäste. Während der Saison gibt es zum Mittag- oder Abendessen sowie zur Tee- oder Kaffeezeit eine abwechslungsreiche Auswahl an Speisen und Getränken. Sonntags lockt das beliebte Frühstücksbuffet.

Vor oder nach der Stärkung kennen Hunde am Strand bei der Seebrücke kein Halten mehr: Auf dem kleinen Küstenstreifen darf getobt, gebuddelt, geplanscht werden – ohne Leine, aber mit Rücksicht auf andere. Einheimische sowie Touristen bewundern das Panorama bis nach Holland. Den Boden unter Füßen oder Pfoten sollte man im Wasser jedoch besser nicht verlieren, da eine starke Strömung herrscht! Wer mag, kann die Gegend weiter an Land – nun wieder mit Leine – erkunden und entdeckt auf dem Weg durch die grüne Natur eine gewaltige Erdgasanlage. Späte Spaziergänge an der Knock begeistern häufig durch spektakuläre Sonnenuntergänge hinter rotierenden Windkrafträdern. Diese Region hat einfach ihre ganz eigene Romantik!

Die Schiffe der *AG EMS* fahren unter anderem ab Emden an der Knock vorbei nach Borkum. Hunde sind an Bord willkommen!

# 65

**Ratsdelft**
Am Delft
26721 Emden

**Tourist-Information und Mobilitätszentrum am Bahnhof**
Bahnhofsplatz 11
26721 Emden
04921 97400
www.emden-touristik.de

**Emder Heringslogger**
Am Delft
26721 Emden
0171 4869013
www.emder-heringslogger.de

## BESONDERE BEGEGNUNGEN

### Spaziergang am alten Binnenhafen Ratsdelft

Im Zentrum der größten Stadt Ostfrieslands gibt es urige Typen und ungewöhnliche Tiere. Diese tummeln sich bevorzugt am alten Binnenhafen, wo Geschichte auf Gegenwart trifft. Ab 800 nach Christus entwickelte sich an der Mündung des Flüsschens Ehe in die Ems ein maritimer Umschlagplatz zum Herzen des damaligen Nordseehandels. Der ausgebaute Delft (das niederländische Verb »delven« bedeutet »graben«) führt bis ans Emder Rathaus, vor dem die Schiffe mit ihrer Fracht festmachen konnten. Heute ist das historische Gebäude der optimale Ausgangspunkt für einen spannenden Hundespaziergang.

Schon an der Fußgängerampel begegnen Passanten einem Ehrenbürger. Während der Grünphase leuchtet Kult-Komiker Otto Waalkes in seiner typischen Hüpfpose. Der Weg führt an die Delfttreppe, den Startplatz für Hafenrundfahrten. Hier steht die Statue des Fischermädchens Jantje Vis mit blanken Füßen und frischem Fang exemplarisch für das frühere Leben in der Matjes-Metropole. Fröhlich geht es an der nächsten Ecke zu, wo eine *Ottifant*-Figur aus der Fassade des Museums *Dat Otto Huus* bricht – ein beliebtes Fotomotiv. Bevor man die Skulpturengruppe *Delftspucker* passiert, wird die Kamera sicherheitshalber verstaut. Die drei Bronzefiguren erinnern an »Leeglopers« (Leerläufer/Faulenzer), die einst am Hafengeländer lungerten und ihren Kautabak ins Becken spuckten. Einer der Herren erweist dieser Tradition auch heute noch alle Ehre …

Die Promenade führt geradeaus zum 1635 erbauten Hafentor, das die Einfahrt zur mittelalterlichen Marina markierte. Aktuell ankern hier schwimmende Denkmäler, etwa der Seenotrettungskreuzer *Georg Breusing*. Zu öffentlichen Veranstaltungen, wie den jährlichen *Emder Matjestagen*, werden im Ratsdelft internationale Traditionsschiffe aufgetakelt.

Matjes sind besonders milde Heringe. Einige der leckersten bietet der *Emder Heringslogger* in Form von Fischspezialitäten aus dem Verkaufswagen am Binnenhafen an.

**Borkumer Wal-Pfad**
Ausgangspunkt: Roelof-Gerritz-Meyer-Straße
26757 Borkum

**Tourist-Information Borkum**
Georg-Schütte-Platz 5
26757 Borkum
04922 9330
www.borkum.de

**Hundestrand Südbad**
Höhe Greune Stee
26757 Borkum

# DIE LETZTEN IHRER ART

Borkumer Wal-Pfad

Wer die Geschichte über Kapitän Ahab und den weißen Pottwal Moby-Dick kennt, hat eine Vorstellung, wie abenteuerlich das Leben der frühen Walfänger gewesen sein muss. Von der ostfriesischen Insel Borkum fuhren ab dem 17. Jahrhundert wagemutige Männer ins arktische Eismeer, um mit der Jagd auf mächtige Grönlandwale gutes Geld zu verdienen – oder ihr Leben zu lassen. Einen authentischen Einblick in diese Ära ermöglicht der Borkumer Wal-Pfad. Mit seinem angeleinten Hund spaziert man durch den beschaulichen Ort und entdeckt neue Schautafeln neben alten Zeitzeugen.

Beim Heimatmuseum *Dykhus* beginnt die Wanderung in der Roelof-Gerritz-Meyer-Straße. Diese ist nach dem erfolgreichsten Walfänger Borkums benannt, 311 Grönlandwale sollen auf seinen Fangreisen erlegt worden sein. Dort sowie etwas weiter an der Wilhelm-Bakker-Straße befinden sich zwei große Zäune aus Kinnladenknochen der bis zu 18 Meter langen Säugetiere. Die einstigen Statussymbole stammen aus der Zeit von 1715–1782 und sind ebenso selten wie schützenswert. Dass Gassigänger ihren Hund hier nicht sein Bein heben lassen, ist selbstverständlich. Ehrfurcht weckt zudem der historische Walfängerfriedhof am Alten Leuchtturm. Mit Totenköpfen verzierte Grabsteine symbolisieren die Vergänglichkeit des irdischen Daseins.

Munterer geht es an der Hauptpromenade zu. Der Brunnen in Form eines Nordkapers stößt regelmäßig den sogenannten Blas aus und lässt typischen Walgesang ertönen. Über bedrohte Arten informiert der Wal-Pfad beim *Nordsee Aquarium* und Südstrand. An Letzterem gibt es darüber hinaus einen Hundebereich samt Freilauffläche. Außerhalb der Brut- und Setzzeit (diese gilt vom 1. April bis 15. Juli) darf leinenlos durch den feinen Sand getobt oder in der Nordsee geplanscht werden.

Am Nordstrand im nördlichen Bereich der Laufdielen sowie zwischen dem Jugendbad und dem FKK-Strand hat Borkum weitere Gebiete für Hundefreunde eingerichtet.

67

**Schiefer Turm von Suurhusen**
Am Schiefen Turm 12
26759 Hinte-Suurhusen
www.kirche-suurhusen.de

## SCHÖN SCHRÄG

### Schiefer Turm von Suurhusen

Mit etwas mehr als 1.000 Bewohnern könnte Suurhusen ein kleiner Ort wie viele andere sein. Aus Versehen wurde hier jedoch ein Rekord aufgestellt, der jährlich Besucher anlockt. Warum sollte man bis nach Pisa reisen, wenn der offiziell »schiefste Turm der Welt« in Ostfriesland steht? Die Alte Kirche erhielt mit einer Höhe von rund 27 Metern und einer Neigung um 2,47 Meter (entspricht 5,19 Grad) einen Eintrag in den *Guinness World Records*.

Das Gotteshaus der evangelisch-reformierten Kirchengemeinde Suurhusen-Marienwehr wurde im Jahr 1250 errichtet und 1450 durch einen Turm ergänzt. Mit elf mal elf Metern Grundfläche und etwa zwei Meter starken Mauern, deren Füllmasse unter anderem aus Muschelkalk besteht, bringt es der Anbau auf ein Gewicht von circa 2.116 Tonnen. Diese Last trug ursprünglich ein Fundament aus mächtigen Eichenbohlen, die jahrhundertelang vom Grundwasser umschlossen und damit vor dem Verfall geschützt waren. Mit der Trockenlegung angrenzender Flächen gelangte Luft an das Holz, das zu modern begann, und der Turm geriet im Laufe der Zeit zunehmend aus dem Gleichgewicht.

1970 betrug die Neigung bereits 2,16 Meter. Da sich die Gemeinde zunächst keinen Rat wusste, entschloss man sich zum Bau der Neuen Kirche. Zehn Jahre später konnte der schiefe Turm von Suurhusen stabilisiert werden. Dazu wurden bis zu 14 Meter tiefe Gruben mit Stahlbeton ausgegossen und untereinander verzahnt. Auch der Innenraum des Gemäuers erhielt eine Sanierung und die Alte Kirche folgt seit 1985 wieder ihrer Bestimmung. Bis heute finden hier in der Gemeinde Feste, Taufen, Trauungen oder Beerdigungen statt. An der Leine dürfen Hunde das Außengelände betreten und den besonderen Bau bestaunen.

Gedruckt und online informiert *Das Schiefe Kirchenblatt* über Nachrichten und Termine der Gemeinde.

# 68

**Bootshaus**
Marscher Weg 18
26624 Südbrookmerland
04942 656770
www.hotel-bootshaus.com

**Dr. med vet. Andreas Bukowski**
Emder Straße 19
26624 Südbrookmerland
04942 91122

## ANLEGEN UND GENIESSEN

Hotel-Restaurant *Bootshaus*

Wenn die dunkelrote Holzfassade in Sicht kommt, bedeutet das für viele Freizeitkapitäne: »Klarmachen zum Landgang!« Das Hotel und Restaurant *Bootshaus* befindet sich am Knockster Tief, dessen Kanal die bekannten Binnenseen Loppersumer Meer und Großes Meer miteinander verbindet. In der Ferienregion Bedekaspeler Marsch ist das beliebte Ausflugsziel über den eigenen Anleger oder auf dem Landweg erreichbar. Auch Hunde sind herzlich willkommen und genießen den Komfort des besonderen Kleinods.

Charmant eingerichtet, harmoniert das Bootshaus herrlich mit seiner natürlichen Umgebung. Die gemütlichen Gästezimmer sind in warmen Erdtönen gehalten und verfügen über eine moderne Ausstattung. Hier können Zwei- und Vierbeiner den Aufenthalt gemeinsam erleben. So auch im rustikal gestalteten Restaurant, wo sich Feinschmecker morgens am Frühstücksbuffet erfreuen. Maritime Highlights und urwüchsige Holzelemente sorgen für eine entspannte Atmosphäre. Zum wohligen Klima trägt außerdem der Kamin im Lounge-Bereich bei.

Von der zum Teil offenen Küche duftet es verlockend. Die Speisekarte verwöhnt mit modernen und traditionellen Köstlichkeiten, wie zum Beispiel original ostfriesischem »Snirtjebra«. Der Name dieser Schweinefleisch-Spezialität leitet sich vom plattdeutschen Wort »snirrtjen« ab, das »brutzeln« bedeutet. Serviert wird die herzhafte Delikatesse unter anderem mit hausgemachtem Apfelrotkohl. Wer es süßer mag, kommt mit nordischer roter Grütze auf den Geschmack. Bei schönem Wetter ist die ruhig am Wasser gelegene Holzterrasse der richtige Platz. Dort stillt eine Hundebar mit gefüllten Trinknäpfen den Durst der Vierbeiner. Von hier aus sowie von der angrenzenden Liegewiese lassen sich die spannenden Manöver am Steg beobachten.

Ein Veterinär, der auch Frischfutter verkauft, ist sehr praktisch – und mit der Tierarztpraxis von Dr. Andreas Bukowski nur fünf Autominuten entfernt.

# 69

**Großes Meer**
Startpunkt Spaziergang: Südbrookmerland Touristik
Am Gästehafen 1
26624 Südbrookmerland
04942 20472000
www.grossesmeer.de

# GEMEINSAM IN SEE STECHEN

## Spaziergang um das Binnengewässer Großes Meer

In Ostfriesland gibt es viele »Seens-Würdigkeiten«. Die weitläufigen Gewässer werden meistens als »Meere« bezeichnet. Zu den beliebtesten Zielen für Wassersportler gehört das Große Meer. Es bietet eine Gesamtfläche von geschätzt über 450 Hektar bei durchschnittlich gerade mal einem Meter Wassertiefe. Ideale Bedingungen für Surfer im Sommer oder Schlittschuhläufer im Winter. Auch in Hundebegleitung lässt sich das im Grünen gelegene Gebiet ganzjährig genießen.

Der optimale Start- und Endpunkt für Ausflüge zum See ist das moderne *Haus am Meer*. Hier befinden sich die Tourist-Information, der Veranstaltungsraum und ein Bistro mit gemütlicher Gastronomie sowie kleinem Einkaufsangebot. Auf dem angrenzenden Campingplatz steht ein eigener Bereich für den Aufenthalt mit Vierbeinern zur Verfügung. Abgerundet wird der sogenannte Gästehafen durch eine gepflegte Sanitäranlage. Besonders während der kalten Jahreszeit ist die Sauna ein heißer Tipp – in der Fasssauna kann sogar draußen im Saunagarten geschwitzt werden.

Auf dem Piratenspielplatz entern kleine Seeleute die maritimen Stationen. Folgt man der Beschilderung, sind es von dort aus nur wenige Gehminuten bis zur Hundewiese. Der abgezäunte Bereich ist durch eine Pforte jederzeit zugänglich. Hier dürfen die Fellnasen freilaufend mit Artgenossen spielen oder über eine Rampe schwimmen gehen. Wieder an der Leine laden unterschiedliche Routen zur Erkundung des Gebiets ein – Hundebeutelspender stehen bei Bedarf bereit. Oder man erforscht die Gegend vom Wasser aus. Motorboote sind auf dem See nicht erlaubt. Dafür stehen zum Beispiel Segelschiffe, Surf- sowie Stand-Up-Paddle-Boards zum Verleih und die dazugehörigen Schulen mit Rat und Tat zur Seite. Das Große Meer weckt »Seen-Sucht« in jedem!

Der ausgewiesene Drei-Meere-Weg führt Wanderer oder Radfahrer auf einer idyllischen Strecke entlang des Großen Meeres, Loppersumer Meeres und Kleinen Meeres.

# 70

**Schecker-Shop Aurich**
Osterstraße 27
26603 Aurich
04941 6985867
www.schecker.de

**Hafen5**
Hafenstraße 5
26603 Aurich
04941 6048060
www.auricherkaffee.de

# VIELFALT FÜR VIERBEINER

Hundebedarf aus dem *Schecker-Shop Aurich*

Für einen Einkaufsbummel ist Ostfrieslands »heimliche Hauptstadt« Aurich die richtige Adresse. Mit namhaften Filialen und individuellen Läden oder Lokalen präsentiert sich die Fußgängerzone gut sortiert und sehenswert. Historische Fassaden sowie künstlerische Skulpturen säumen den Bereich um die Burgstraße und Osterstraße. Wenn Fellnasen beim Flanieren das Tempo erhöhen, führt die Fährte wahrscheinlich zum *Schecker-Shop Aurich*. In dem modernen Ladengeschäft des bekannten Versandhändlers dürfen Menschen und Hunde nach Herzenslust »schnüstern« (stöbern).

Neben dem *Schecker*-Standort im Südbrookmerland gibt es auch in Aurich ein großes Sortiment für ein glückliches Hundeleben. Die Bandbreite ist beeindruckend und lässt kaum Wünsche offen. Damit jeder Vierbeiner die passenden Produkte erhält, steht das fachkundige Serviceteam mit Rat und Tat zur Seite. Zum Beispiel, wenn es um den optimalen Sitz eines Geschirrs oder wichtige Nährstoffe geht. Ob Welpe oder Senior, hier ist für alle Altersstufen mit hochwertiger Nahrung aus den Bereichen Trocken- und Nassfutter sowie BARF gesorgt. Vielfältig ist die Auswahl an Leckerlis und Kauartikeln – selbst für Genießer mit Allergien. Sogar eine Festtagstorte für den lieben Vierbeiner findet man bei *Schecker*!

Der Spezialist für Hundebedarf bietet hübsche Halsbänder, kuschelige Körbchen, praktische Pflege oder spannendes Spielzeug der eigenen sowie ausgewählter Marken. Beim Zubehör und der Ernährung sorgen saisonale Angebote für noch mehr Abwechslung. Letztere versprechen für gemeinsame Ausflüge auch Transportboxen, Fahrradkörbe oder Faltnäpfe. Frauchen und Herrchen werden von der Funktionskleidung bis zur Fachliteratur ausgestattet. Obendrauf gibt es die obligatorischen Gratis-Leckerchen sowie einen Lieferdienst für den Großeinkauf.

---

Um einen Koffein-Kick kümmert sich die Auricher Kaffeerösterei *Hafen5*. In den gemütlichen Gasträumen genießt man dazu süße oder deftige Köstlichkeiten aus der Bistroküche.

71

**Ostfriesland-Äquator**
Ostfriesland-Wanderweg/
Ecke Neulandsweg
26607 Aurich

**Tourist-Information**
Norderstraße 32
26603 Aurich
04941 4464
www.aurich-tourismus.de

# Wo ein Wille ist …

## Torbogen Ostfriesland-Äquator

… ist auch ein Weg! Das beweist dieses besondere Bauwerk. Der sogenannte Ostfriesland-Äquator soll die Region – wie sein weltbekanntes Vorbild – mittig in eine nördliche und eine südliche Hälfte teilen. Geographisch genau sind die durch das Katasteramt Aurich festgelegten Koordinaten 53° 30' 00'' vielleicht nicht. Aber die Platzierung des dazugehörigen Torbogens auf dem Ostfriesland-Wanderweg ist perfekt für Passanten.

Die kompletten 97 Kilometer der in dieser Gegend längsten und ältesten Fuß- sowie Fahrradstrecke müssen Hund und Halter nicht bewältigen, um den Ostfriesland-Äquator zu beschreiten. Das Teilstück zwischen den Stadtvierteln Sandhorst und Plaggenburg bietet sich dafür bereits an. Die mit einem weißen »O« auf schwarzem Grund gekennzeichnete Route führt fernab des Straßenverkehrs durch niedersächsische Natur. In der ungestörten Umgebung gehen Zwei- mit Vierbeinern gemütlich Gassi. Am Ostfriesland-Äquator ist Platz für eine Pause – dort befinden sich Bänke sowie eine Infotafel, welche die Vermessung und den Verlauf des Projekts beschreibt.

Wem das noch nicht originell genug ist, der kann sich über die kreativen Konstruktionen auf den angrenzenden Weiden wundern. Mehr als 20 »Kunstscheuerpfähle« säumen den Pfad von Rhauderfehn bis Bensersiel. Hier kratzen sich Kühe, Pferde, Schafe oder Schweine genüsslich an großen Skulpturen, die norddeutsche und niederländische Künstler dafür geschaffen haben. Ansonsten würde sich das Vieh an den Zaunpfosten schubbern und diese mit der Zeit beschädigen. Als unkonventionelle Erscheinungen stehen der Torbogen oder die »Tierpfeiler« für eine typisch ostfriesische Einstellung: Wenn man etwas möchte (oder auch nicht), muss man sich nur zu helfen wissen.

---

Die Füße und Pfoten kann man nach dem Wandern wunderbar im Badesee Tannenhausen am Stürenburgweg kühlen. Der umzäunte Hundestrand ist klein, aber fein!

## 72

**Dat Bello-Huus**
Dwarsweg 14
26632 Ihlow
04941 6974350
www.bello-huus.de

## HERZ- UND HANDWERK

Hundepension, -schule, -salon sowie Manufaktur *Dat Bello-Huus*

Die idyllische Gemeinde Ihlow markiert den geografischen Mittelpunkt von Ostfriesland. Hier dreht sich auf der großen Hofanlage von Diana und Alex Hartmann alles um den Hund. Mit vielfältigen Angeboten bereichert *Dat Bello-Huus* den vierbeinigen Alltag. Zum Beispiel durch liebevolle Betreuung in der Pension oder kompetentes Training in der Hunde-Halter-Schule. Fachkundige Pflege erhalten Fellnasen im Salon und aus der Werkstatt maßgefertigtes Zubehör. Wenn es dann noch ein gesundes Leckerli aus eigener Herstellung gibt, ist das Hundeglück perfekt!

Unabhängig von der Rasse und dem Alter darf sich jeder fellige Gast im *Bello-Huus* »hundherum« wohlfühlen. Einen angenehmen Urlaubs- oder Stundenaufenthalt versprechen großzügige Freilaufbereiche sowie gemütliche Körbchen. Maximal acht Vierbeiner gleichzeitig genießen die Möglichkeiten zu spielen oder zu entspannen. Das friedliche Miteinander fördert auch der direkte Familienanschluss ohne Zwingerhaltung. Dabei haben die erfahrenen Experten eventuelle Auffälligkeiten stets im Blick. Wie man seinen Schützling richtig versteht und beschäftigt, vermittelt Diana Hartmann ebenfalls in Einzel- oder Gruppenstunden. Wenn anschließend der Hundemagen knurrt, verwöhnt das hauseigene Fit-and-Fun-Menü mit einer verantwortungsbewussten Rezeptur aus frischen BARF-Zutaten hungrige Mäuler.

Was das Tierleben noch schöner macht, weiß der gelernte Fachmann für Hundegesundheit und Pflege Alex Hartmann. Sorgfältiges Trimmen, Scheren oder Krallen schneiden findet im Salon statt. Für den perfekten Auftritt produziert der talentierte Handwerker außerdem individuelle Halsbänder, Leinen sowie Maulkörbe. *Dat Bello-Huus* bietet volles Programm für Freunde auf vier Pfoten!

Ziel der Reise zum Mittelpunkt von Ostfriesland ist ein Findling mit Bronzetafel beim Herrenhüttenweg. Sitzbänke laden dazu ein, den Blick über die weite Landschaft schweifen zu lassen.

78

**Ihlower Forst**
Ausgangspunkt: Parkplatz
Kloster Ihlow
Kirchdorfer Straße
26632 Ihlow
www.klosterwaldfreunde.de
www.kloster-ihlow.de

**Tourist-Information**
Alte Wieke 6
26632 Ihlow
04929 89100
www.ihlow-tourismus.de

## ZAUBER ALTER ZEITEN

### Spaziergang durch den Ihlower Forst

Eine mystische Stimmung umgibt diesen Streifzug. Der knapp 350 Hektar große Wald verbirgt viele verwunschene Plätze, die man mit seinem Vierbeiner erkunden kann. Wenn der Hund dabei plötzlich die Nackenhaare aufstellt, wittert er wahrscheinlich Geister – oder ein Reh. Deshalb bleiben tierische Begleiter während dieser Wanderung besser an der Leine. Auch, weil es sich beim Ihlower Forst um ein Landschaftsschutzgebiet handelt. Durch dieses werden Besucher von *Greifen*, *Lilien*, *Löwen*, *Hirschen* oder *Rosen* geleitet. Die entsprechenden Namen und Symbole kennzeichnen unterschiedliche Rundwege entlang spiritueller Spuren.

Den Pfad in die Vergangenheit kreuzt die Installation *Friesische Freiheit*. Mit Bändern und Bannern hat Monika Kühling das mittelalterliche Grundgesetz künstlerisch dargestellt. Dieses ist eng mit der naheliegenden Klosterstätte verbunden. So war das Siegel der Mönche von Ihlow unter anderem auch das Zeichen der Freien Friesen. Heute erinnert eine markante Konstruktion aus Stahl, Holz, Stein und Efeu an den einstigen Sakralbau des Zisterzienserordens Schola Deï. Das Kirchendenkmal dürfen Hunde nicht betreten, aber wer kann, sollte die fast 45 Meter hohe Nachbildung des Glockenturms erklimmen und einen Blick über Ostfriesland werfen. Am Boden geht es weiter auf der Lindenallee – einer Flaniermeile früherer Fürsten. Von dort durchschnittlich zehn Fußminuten in westlicher Richtung entfernt steht die prominenteste Pflanze im Forst: Das Alter der Königseiche wird auf rund 500 Jahre geschätzt.

Ab der Lindenallee gen Osten erreichen Spaziergänger nach gut fünf Minuten die sogenannte *Münte*, bestehend aus den Überresten einer trapezförmigen Erdwallanlage. Schaurig-schön wird es daneben auf dem Hexentanzplatz. Die kreisförmige Anordnung der Bäume erzeugt eine magische Atmosphäre. Viele Paare haben sich hier mit Schnitzereien verewigt, damit der Liebeszauber hält.

Zur Mußestunde im Klostercafé gehört selbstgebackener Kuchen für zwei- und ein gefüllter Trinknapf für vierbeinige Freizeitpilger.

# 74

**Gut Stikelkamp**
Ausgangspunkt: Parkplatz
Kreuzung Hauptstraße/
Neue Straße
26835 Hesel
04946 320
www.landkreis-leer.de

**Café am Gut**
Neue Straße 8
26835 Hesel-
Neukamperfehn
04946 916684
www.cafeamgut.com

## »Grachten« und Geschichten

### Gut Stikelkamp

Hier kann man tief durchatmen, während einem gleichzeitig vor Staunen der Atem stockt. Die frische Luft kommt von den mehr als 50 Hektar Mischwald sowie der großen »Gracht« (niederländisches Wort für Wassergraben), welche das verborgen gelegene Gut umgeben. Eine beeindruckende Buchenallee führt die Besucher zur historischen Anlage. Stikelkamp diente dem damaligen Johanniterkloster Hasselt als Vorwerk. Der Bau des noch erhaltenen Gebäudes wird auf die Zeit um 1400 geschätzt. Im Zuge der Reformation wurde das renommierte Anwesen von der Landesherrschaft konfisziert und an hochrangige Häupter der Gesellschaft verpachtet. Zu den Hausherren zählte unter anderem Boyung Beninga (1639–1677), Häuptling von Grimersum und Dornum. Die Familie Lantzius-Beninga bewohnte und bewirtschaftete Stikelkamp bis ins 20. Jahrhundert. Heute gehört das Gut dem Landkreis Leer.

Die restaurierten Räume erlauben mit der großen Ahnengalerie einen Einblick in die Chronik der bedeutenden ostfriesischen Familie Lantzius-Beninga. Das Wohnhaus sowie der um 1800 auf dem Parkgelände innerhalb des breiten Wassergrabens angelegte Landschaftsgarten sind nach vorheriger Anmeldung besuchbar. Dort gedeihen alte und besondere Gewächse, wie der Tulpenbaum oder die japanische Schirmtanne. Ebenfalls von einer kleinen Gracht umgeben ist der romantische Waldfriedhof als würdige Ruhestätte der früheren Gutsbesitzer.

Kilometerlange, gepflegte Wanderwege machen den Stikelkamper Wald zu einem beliebten Ausflugsziel für Spaziergänger, Fahrradfahrer und Hundehalter. Trotz der ganzjährigen Leinenpflicht wird es in dem geschichtsträchtigen Gebiet nicht langweilig. Auch für Kinder gibt es viel zu entdecken: den Baumlehrpfad, ein Holzklavier, das Waldhörrohr und natürlich den Spielplatz.

Im benachbarten Café am Gut gibt es Selbstgebackenes oder Frischgezapftes. Ein Trinknapf für durstige Vierbeiner wird bei Bedarf gereicht.

75

**HANKENHOF – Gesundheits-Kompetenz-Zentrum**
Burgweg 2
26849 Filsum
04957 657
www.hankenhof-xxl.de

## ALLES UNTER EINEM DACH

HANKENHOF – Gesundheits-Kompetenz-Zentrum

Die herrliche Anlage mit der charakteristischen Pferdeskulptur ist eine echte Institution und das Lebenswerk von Carmen und Tamme Hanken. Auch nach dem Tod des bekannten *XXL-Ostfriesen* führt Carmen die Geschäfte des HANKENHOFs weiter und widmet sich mit individuellen Therapien und Fitnesskonzepten nach wie vor der Gesundheit sowie dem Training von Pferden und Hunden. Mehr als 45 Jahre Erfahrung hat die Expertin auf ihrem Spezialgebiet der Bewegungsmechanik und arbeitet stets persönlich mit den Menschen und ihren Tieren.

Sowohl präventiv als auch im akuten Fall kümmert sich die erfolgreiche Therapeutin und Trainerin beispielsweise auf der Behandlungsfläche von *HANKENHOF's Fitness-Insel* um Vierbeiner, die beweglich bleiben, weiter aufgebaut oder gesund werden sollen. Ihre ganzheitlichen Anwendungen finden im Einklang von Tier und Natur statt. Dabei greift Carmen Hanken auf ihr umfangreiches Fachwissen zurück, das auf speziellen Aus- und Fortbildungen, ihrer eigenen Methode sowie Elementen aus der Arbeit ihres Mannes gründet. Dazu gehört genauso eine Futterberatung entsprechend der jeweiligen Bedürfnisse. Viele bewährte und durchdachte Produkte findet man direkt vor Ort in *HANKENHOF's Gesundheits-Shop*.

Das professionell ausgestattete Zentrum (unter anderem mit Aquatrainer, Pferdesauna und Solarium) ergänzt im Außenbereich *HANKENHOF's Fitness-Garten* für Hunde. Hier kann unter Anleitung mit diversen Geräten die Körperwahrnehmung des tierischen Begleiters gefördert werden. Dazu gibt es praktische Tipps für unterschiedliche Ansprüche und großen Spaß für alle Beteiligten. Wer sich und seinem Schützling etwas Gutes tun möchte, kann die zum Hof zählende Ferienwohnung mieten. Diese ist freundlich und komfortabel eingerichtet – zum Wohlfühlen stehen auch passende Hundebetten bereit. Die umliegende Natur oder das nahe Meer laden auf entspannende Ausflüge ein.

Ebenfalls im Rahmen der sogenannten »Kummertage« (zu den öffentlichen Behandlungsterminen an ausgewählten Samstagen müssen Vierbeiner angemeldet werden) sowie bei diversen Veranstaltungen kann man den HANKENHOF als Besucher erleben.

# 76

**Kurbelfähre über die Holtlander Ehe**
(Betrieb von April–Oktober)
Ossensettweg
26835 Holtland
www.urlaubsregion-hesel.de
www.deutsche-fehnroute.de

**Holtlander Mühle**
(Mühlencafé geöffnet von Mai–September)
Mühlenstraße 1
26835 Holtland
04950 2747

## »FEHNOMENAL«

### Kurbelfähre über die Holtlander Ehe

Mit elfenhaften Naturgeistern haben die ostfriesischen Fehn nichts zu tun, auch wenn die Idylle im südlichen Binnenland märchenhaft ist. Der Begriff leitet sich vom niederländischen Wort »Veen« ab und bedeutet Moor. Gemeinden wie Rhauderfehn tragen ihre Geschichte als Moorsiedlung im Namen. Für die Erschließung von Hochmooren zum Zweck der Brenntorfgewinnung wurden Entwässerungsgräben sowie schiffbare Kanäle angelegt. Von den schnurgeraden Hauptkanälen zweigen zahlreiche Seitenarme ab. Entlang dieser Wasserläufe entstanden typische Fehnkolonien, deren ursprünglicher Charakter bis heute erhalten ist. So prägen historische Fehnhäuser, weiße Klappbrücken und prächtige Windmühlen die 173 Kilometer lange Deutsche Fehnroute.

Zu Fuß oder per Fahrrad lässt sich die einzigartige Landschaft ohne Straßenstress erkunden. Scheinbar endlose Wanderwege führen Zwei- und Vierbeiner vorbei an wilden Wiesen und sanften Flüssen. Einer davon ist die Holtlander Ehe, die in Richtung Filsum die beliebte Spazierstrecke am Ossensettweg kreuzt. Hier befindet sich mit den beiden Anlegestellen der öffentlichen Kurbelfähre ein besonderer Verkehrsknotenpunkt.

Auf dem stabilen Floß können Passanten selbstständig ans andere Ufer übersetzen. Auch Hunde sind an Bord erlaubt und dürfen dabei zusehen, wie der Mensch die Muskeln spielen lässt. Da der Fußboden der Fähre aus einem Metallgitter besteht, reisen Passagiere mit vier Pfoten komfortabler auf dem Arm oder einer Liegedecke. Nach dem Entriegeln setzt sich die handbetriebene Konstruktion in Bewegung, sobald man an den großen Kurbeln dreht. Das funktioniert ganz einfach und ist speziell für junge Kapitäne ein toller Spaß! Die Reise mit dem umweltfreundlichen Untersatz dauert nur wenige Minuten, kann aber so oft man mag kostenfrei wiederholt werden.

Sonntags hat das Café der Holtlander Mühle geöffnet. An den anderen Wochentagen sowie außerhalb der Saison stehen dort Bänke und Tische für ein Picknick bereit.

77

**Schlosspark Evenburg**
Am Schlosspark 25
26789 Leer
0491 99756000
https://evenburg.landkreis-leer.de

**Café Schloss Evenburg**
Am Schlosspark 23
26789 Leer
0491 99236723
www.haase-catering.de

## AUF DIE ENGLISCHE ART

### Schlosspark Evenburg

Wie ein begehbares Gemälde erscheint der klassische englische Landschaftsgarten. Diese Form der Parkgestaltung entwickelte sich im 18. Jahrhundert in Verbindung mit der damaligen Dichtkunst und Malerei und grenzte sich deutlich von den Barockgärten ab. Natur und Poesie treffen über weite Rasenflächen, alte Baumgruppen, ruhige Seen und romantische Brücken aufeinander. Ein gärtnerisches Gesamtkunstwerk gedeiht seit 1860 rund um die berühmte Evenburg in Leer. Die denkmalgeschützte Anlage hat sich in ihrer fast 400-jährigen Geschichte vom barocken Wasserschloss zur neugotischen Kulturstätte mit einem eindrucksvollen Park gewandelt.

In dem historischen Gebäude sind Hunde nicht gestattet (eine Ausnahmegenehmigung gilt selbstverständlich für Assistenzhunde). Grundsätzlich dürfen alle Vierbeiner an der Leine durch den eleganten englischen Landschaftsgarten flanieren, der an Feldflur und den Fluss Leda grenzt. Der ehemalige Hausherr Carl Georg Graf von Wedel verlieh dem Anwesen sein prägnantes Erscheinungsbild und gründete eine über Ostfriesland hinaus bekannte Gärtnerei und Baumschule. Aus dieser stammen auch prächtige Linden der knapp einen Kilometer langen Evenburg-Allee.

Seit der Jahrtausendwende hat der Landkreis Leer das Ensemble sorgfältig saniert und durch stimmungsvolle Freizeitangebote ergänzt. Auf dem öffentlichen Gelände der damaligen Gärtnerei ist ein Spielplatz entstanden, der Freizeitbeschäftigungen aus vergangener Zeit aufgreift. Beispielsweise das kleine Spielhaus ist seinem größeren Vorbild für die gräflichen Sprösslinge nachempfunden. Der für den englischen Garten typischen Verbindung aus Natur und Kultur wird mit dem freistehenden Xylophon Ausdruck verliehen.

In der Vorburg lädt das Café Schloss Evenburg mit einem Biergarten unter schattigen Bäumen zum Verweilen ein. Für Vierbeiner stehen Trinknäpfe zur Verfügung.

# 78

**Siriushof**
Greter Straße 9
26817 Rhauderfehn
04952 8289955
www.siriushof.
jimdofree.com

**reha4dogs**
Dorenborg 5
26810 Westoverledingen
0177 5984515
www.gerlind-rose-
tiernaturheilpraxis.
jimdofree.com

## RUDELURLAUB DE LUXE

Ferienwohnungen auf dem Siriushof

Wenn alle gemeinsam verreisen wollen, ist es für Mehrhundehalter oft nicht leicht, eine passende Unterkunft zu finden. Zum Glück gibt es in Ostfriesland genug Platz und tierliebe Gastgeber wie Anouschka und Klaas van der Hooft. Auf ihrem wunderschönen Siriushof sind Hunde jeder Art oder Anzahl nicht nur willkommen, sondern erwünscht. Die große Anlage ist vollständig darauf ausgerichtet, dass Zwei- sowie Vierbeiner eine tolle Zeit verbringen.

Inmitten herrlicher Wallheckenlandschaft erwartet das historische Fehnhaus seine Besucher auf einer Grundstücksfläche von gut 7.000 Quadratmetern – der gesamte Garten ist sicher umzäunt. Im Hauptgebäude beherbergen drei gemütliche Ferienwohnungen jeweils bis zu vier oder sechs Menschen zuzüglich Hunden. Die Unterkünfte können separat oder zusammen für eine Gruppe mit maximal 14 Personen gebucht werden. Vierbeiner genießen den Komfort kostenfrei und dürfen es sich sogar auf dem Sofa gemütlich machen – wenn eine der vorhandenen Decken zwischen Pelz und Polster liegt. Auch Näpfe sowie Handtücher stehen für Fellnasen zur Verfügung.

Ein absolutes Highlight ist die 3.000 Quadratmeter umfassende Spielwiese. Hier toben Hunde zusammen über den Rasen, baden im Schwimmteich oder buddeln auf dem Sandplatz. Wer sich alleine mit seinem Vierbeiner beschäftigen möchte, trainiert an den Agility-Geräten, entspannt in einem abgetrennten Bereich oder spaziert auf dem nahen Ostfriesland-Wanderweg. Die malerische Altstadt von Leer liegt ebenfalls nur 15 Autominuten entfernt. Zurück auf dem Gut sind die Grillhütte oder der Partyraum beliebte Treffpunkte unter Gleichgesinnten. Am Ende der Ferien ist sich meistens das gesamte Rudel einig, wohin die nächste Reise gehen soll – wieder auf den Siriushof!

Unter dem Dach von *reha4dogs* vereint Gerlind Rose ihre Tierheilpraxis und Hundephysiotherapie sowie einen Shop für gesundes Futter und Zubehör.

79

**Nicoles Futterküche**
Friesenstraße 59
26871 Papenburg
04961 8330495
www.nicoles-futterkueche.de

**Meyer Werft**
Industriegebiet Süd
26871 Papenburg
04961 83960
Aktuelle Schiffsüberführungen:
www.meyerwerft.de

# Feinkost für Fellnasen

Nicoles Futterküche

Wie das duftet! Der Geruch aus Nicoles Futterküche ist eine kulinarische Verheißung für vierbeinige Gourmets. Aromatische Kauartikel, frisches Rohfleisch, schonend zubereitetes Nass- oder Trockenfutter sowie nützliche Ergänzungen gehören zum hochwertigen Sortiment rund um eine gesunde und artgerechte Hundeernährung. Nicole Brathal kennt die individuellen Bedürfnisse ihrer Kunden – ob alte Dogge, allergischer Dalmatiner oder agiler Dackel. Die dazugehörigen Menschen freuen sich über eine kompetente Beratung, auch bei komplizierten »Fellen«.

Die Produkte in den Regalen und Kühltruhen des inhabergeführten Fachgeschäfts haben zwei Dinge gemeinsam: ihre naturbelassene Verarbeitung (sowohl ohne Farb-, Füll- und Konservierungsstoffe als auch ohne künstliche Aromen) sowie der Bezug von ausschließlich deutschen oder europäischen Herstellern. Ein Großteil des verantwortungsvoll ausgewählten Angebots kommt von regionalen Erzeugern, wie zum Beispiel die Frostware der *Fehntjer Tiernahrung*. Wie man als Halter positiv auf die Gesundheit seines Schützlings einwirken kann, erklärt Nicole unter anderem anhand der sogenannten BARF-Ernährung, bei der einzelne Komponenten zu einer vollwertigen Mahlzeit zusammengestellt werden. Die zur Futterküche gehörende Mischlingshündin Luna prüft dabei immer wieder aufs Neue die Qualität auf Herz und Nieren …

Grundsätzlich ist tierische Kundschaft in dem sauber sortierten Shop willkommen und darf sich bei jedem Einkauf über eine kleine Gratis-Leckerei freuen. Auch der Trinknapf ist stets gefüllt. So kann man in Ruhe stöbern und den Hundehaushalt mit robusten Spielzeugen, schönen Halsbändern und Leinen oder edlen Keramikwaren komplettieren. Der Renner sind die praktischen Bademäntel für wasserbegeisterte Vierbeiner.

Nach dem Einkauf geht es an die Ems. Entlang des Ufers kann man mit etwas Glück die Ozeanriesen aus der Meyer Werft bei ihren kniffligen Manövern in Richtung Nordsee beobachten.

# HUNDEFREUNDLICHE UNTERKÜNFTE

*Hotels/Ferienwohnungen/Campingplätze, die hundefreundlich, nur auf Hundebesitzer eingestellt sind oder besondere Angebote für Hund und Halter haben.*

**Ferienwohnung Wegwarte**
Gartenstraße 3
26689 Apen
04489 4048303
www.ferienwohnung-wegwarte.jimdofree.com
Leckerli, Hundehandtücher und Näpfe vor Ort.

**Ferienpark Berum**
Ubbo-Emmius-Straße 1
26524 Berumbur
04936 697748
www.ferienpark-berum.de
Für den Aufenthalt mit einem oder mehreren Hunden.

**arthotel bakker**
Neue Straße 6b
26757 Borkum
04922 9325749
www.arthotel-bakker.de
Frühstück mit dem Vierbeiner an der Kaffeebar.

**Insel-Camping-Borkum**
Hindenburgstraße 114
26757 Borkum
04922 1088
www.insel-camping-borkum.de
Eine Hundebar und -dusche gehören zum Service.

**Upstalsboom Seehotel**
Viktoriastraße 2
26757 Borkum
04922 9150
www.seehotel-borkum.de
Vierbeiner sind im Frühstücksbereich gestattet.

**ATLANTIC Hotel Sail City (8)**
Am Strom 1
27568 Bremerhaven
0471 309900
www.atlantic-hotels.de
Hundedecke, Napf und Leckerli nach Anmeldung.

**im-jaich Hotel Bremerhaven**
Am Neuen Hafen 19
27568 Bremerhaven
0471 97166330
www.im-jaich.de
Im Bezirk der *Havenwelten* – Hunde herzlich willkommen.

**Campingplatz am Nordseestrand**
Am Nordseestrand 1
26553 Dornum
04933 351
www.dornum.de
Stand- und Zeltplätze sowie eine Hundedusche.

**Hotel Herrlichkeit Dornum**
Bahnhofstraße 23
26553 Dornum
04933 91100
www.hotel-herrlichkeit-dornum.de
Ausgewählte Zimmer für den Aufenthalt mit Hund.

**Das WindHundHuus (52)**
Amselstraße 23
26553 Dornum-Neßmersiel
0171 3818655
www.daswindhundhuus.de
Ferienwohnung für Mehrhundehalter, in Strandnähe.

**Hof Lück**
Wolder Weg 54
26427 Esens
04971 912667
www.nordsee-urlaub-ostfriesland.de
Zur Ferienanlage gehört Berner Sennenhund Blacky.

**Kröger's Hotel**
Bahnhofstraße 18
26427 Esens
04971 3065
www.kroegers-hotel.de
Vierbeiner in ausgewählten Zimmern willkommen.

**Campingplatz Wiesedermeer**
Blanksweg 6
26446 Friedeburg
04948 513
www.camping-am-wiesedermeer.de
Viel Natur und wenig Massenbetrieb.

**Haus am Reithmoor**
Reithstraße 89
26629 Großefehn
04943 406341
www.broers.de
Ferienhaus mit großem, umzäuntem Grundstück.

**Ferienhaus Gerdes (16)**
Jungfernstraße 24
26349 Jade
04455 1394
www.nordsee-ferienhaus-gerdes.de
Auf dem Anwesen lebt auch Labradorhündin Paula.

**Höpkens Hof & Campingplatz (15)**
Molkereistraße 64
26349 Jade
04734 9106833
www.moinurlaub.de
Hunde jeglicher Anzahl oder Rasse sind willkommen.

**Hotel Pellmühle**
Mühlenstraße 55
26441 Jever
04461 93000
www.hotel-pellmuehle.de
Unterkunft mit Garten, Hunde sind auf Anfrage willkommen.

**Stadthotel Jever**
Schlachte 3
26441 Jever
04461 9177923
www.stadthotel-jever.de
Optimal für den City-Trip mit Vierbeiner.

**Ferienhaus Schoonorther Mühle (60)**
Schoonorther Möhlen-hörn 22a
26736 Krummhörn
06691 24175
www.happels.de
Historische Unterkunft in ruhiger Feldrandlage.

**Ferienhaus Sonnenhof**
Dimtstraße 4
26736 Krummhörn
04923 80322
www.sonnenhof-krummhörn.de
Für bis zu sieben Gäste, mit Sauna und Garten.

**Ferienwohnung Krabbenkorb (61)**
Ant Hellinghus 24a
26736 Krummhörn-Greetsiel
04926 9279140
www.krabbenkorb-greetsiel.de
Mitreisende Hunde wohnen hier kostenlos.

**Ferienwohnung Nordseeglück**
Krabbenweg 15
26736 Krummhörn-Greetsiel
0177 5453113
www.urlaub-sagenhaft.de
Hundenapf, Körbchen und Kotbeutel sind vorhanden.

**Hohes Haus**
Hohe Straße 1
26736 Krummhörn-Greetsiel
04926 1810
www.hoheshaus.de
In dem Traditionshotel sind Hunde willkommen.

**Camping am Deich (63)**
Erbsenbindereistraße 3
26736 Krummhörn-Upleward
04923 525
www.camping-am-deich.de
Hundedusche vorhanden, Futter im Minimarkt.

**Ferienhaus Meerleben**
An den Hecken 5
26465 Langeoog
04972 912923
www.langeoog-nordsee.de
Für bis zu sieben Personen plus ein Hund.

**Hotel Kolb LIFESTYLE**
Barkhausenstraße 32
26465 Langeoog
04972 91040
www.hotel-kolb.de
Nachhaltiges Wellness-Design-Hotel.

**Inselmädchen (48)**
Barkhausenstraße 11a
26465 Langeoog
0173 2190982
www.4pfoten-langeoog.de
Moderne Ferienwohnungen, Strandkörbe inklusive.

**Twee Strandloopers**
Jakob-Pauls-Weg 14
26465 Langeoog
0173 2190982
www.4pfoten-langeoog.de
Ferienwohnung inklusive Näpfen, Bettchen und Co.

**Romantik-Hotel Reichshof**
Neuer Weg 53
26506 Norden
04931 1750
www.reichshof-norden.de
Vier-Sterne-Unterkunft mit großem Wellnessbereich.

**Smutje (55)**
Neuer Weg 89
26506 Norden
04931 94250
www.stadthotelsmutje.de
Hund Cookie gehört zum Stadthotel und Restaurant.

**Nordsee-Camp Norddeich**
Deichstraße 21
26506 Norden-Norddeich
04931 8073
www.nordsee-camp.de
Campingplatz mit Deichabschnitt für Hundespaziergänge.

**Campingplatz Nordenham**
Strandallee 11
26954 Nordenham
04731 8719919
www.campingplatz-nordenham.de
Fußläufig zur Freilauffläche »Osterfeuerwiese«.

**Siriushof (78)**
Greter Straße 9
26817 Rhauderfehn
04952 8289955
www.siriushof.jimdofree.com
Anlage für den Aufenthalt mit mehreren Hunden.

**Bootshaus (68)**
Marscher Weg 18
26624 Südbrookmerland
04942 656770
www.hotel-bootshaus.com
Vierbeiner im Hotel und Restaurant willkommen.

**Campingplatz Großes Meer (69)**
Am Gästehafen 1
26624 Südbrookmerland
04942 20472028
www.grossesmeer.de
Abgeteilter Platzbereich, Hundewiese fußläufig.

**FeWo NordSeeHund (22)**
Alter Warf 2
26316 Varel
0176 78012438
www.fewo-nordseehund.de
Hochwertige Ferienwohnung, maximal drei Vierbeiner.

**Lama- und Alpakahof am Sommerdeich (36)**
Neu Augustengroden 6
26434 Wangerland
04464 9455124
www.lamahof-am-sommerdeich.de
Ferienwohnungen, zum Teil mit Weideblick.

**Dittmers Ferienhäuser (33)**
Altendeich 12
26434 Wangerland-Hooksiel
04425 990212
www.hooksieler-ferienhaeuser.de
Hooksieler Unterkünfte zum »HUNDUM Wohlfühlen«.

**NAKUK**
Wiardergroden 22
26434 Wangerland-Horumersiel
04426 90440
www.nakuk.de
Wellness-Landhotel – auch für Hundehalter.

**Strandhaus Wangerooge**
Kaiserhof
Obere Strandpromenade 27
26486 Wangerooge
0176 20657290
www.strandhaus-wangerooge.de
Ferienwohnung *Hund im Glück*, Nähe Hundestrand.

**Camping- und Bungalowpark Ottermeer (38)**
Am Ottermeer 52
26639 Wiesmoor
04944 949893
www.wiesmoor-camping.de
Stellplätze für Hundehalter, Spazierwege um den See.

**Hausboot-Resort Nordseeküste (32)**
Neuengrodendeich 10b
26386 Wilhelmshaven
04421 82095
www.ibk-hausboote.de
Festliegende Unterkünfte für seetaugliche Urlauber.

**Campingplatz Boyungs**
Friedrichsgroden 2a
26409 Wittmund-Carolinensiel
04464 1738
www.nordseecamping-boyungs.de
Kleiner, familiärer sowie hundefreundlicher Platz.

**Ferienhaus Dumont**
Königsberger Straße 48
26409 Wittmund-Carolinensiel
0171 2116932
www.nordseeurlaub-fuer-dich.de
Der »Nordsee-Retriever« gibt Tipps in Buchform.

**Haus am Museumshafen**
Am Hafen West 6
26409 Wittmund-Carolinensiel
04464 942040
www.haus-am-museumshafen.de
Ferienwohnung *Kutter* ist für Hundehalter geeignet.

**Hotel Hinrichs ***S**
Mühlenstraße 15
26409 Wittmund-Carolinensiel
04464 599000
www.hotel-hinrichs.de
***S-Unterkunft – für Vierbeiner nach Anmeldung.

**Seeperle Harlesiel (45)**
Seeperlenweg 10a
26409 Wittmund-Harlesiel
0177 1301330
www.ferienhaus-seeperle-harlesiel.de
Modernes, hundefreundliches Pfahlbau-Ferienhaus.

**Cuxland Ferienparks (5)**
Sieltrift 37 (Hauptsitz)
27639 Wurster Nordseeküste
04741 390
www.cuxlandparks.de
Große Urlaubsanlage, unter anderem mit Hundeplatz.

**Lernzentrum für Mensch und Hund (6)**
Misselwardener Altendeich 2
27639 Wurster Nordseeküste
04742 3442968
www.lernzentrum-mensch-hund.de
Idyllische Unterkunft für Bildungsurlaub mit Hund.

**Dat Ole Tetke Hus (26)**
Wiesenstraße 5
26340 Zetel-Neuenburg
0171 3340005
www.fewo-friesland.de
Ferienhof für Gäste mit Hund, Katze oder Pferd.

# Hundefreundliche Gastronomie

*In diesen empfehlenswerten Restaurants, Cafés und Imbissen ist der Hund erlaubt. Mitunter gibt es dort extra Angebote für den Vierbeiner (Wassernapf, Leckerchen, angrenzende Spielwiese oder Ähnliches).*

**Hafen5 (70)**
Hafenstraße 5
26603 Aurich
04941 6048060
www.auricherkaffee.de
Hausgerösteter Kaffee und tolles Ambiente.

**Restaurant Nuevo**
Marktstraße 26
26603 Aurich
04941 6042118
www.nuevo-aurich.de
Viva México! Hunde herzlich willkommen.

**Strand Café Kanzler**
Stürenburgweg 44
26607 Aurich
04941 6981322
www.kanzler-aurich.de
Karibik-Feeling sowie verschiedene Snacks.

**Lüttje Toornkieker**
Wilhelm-Bakker-Straße 1
26757 Borkum
04922 9328930
www.toornkieker.de
Hauskaffee, Kuchen und ein Leckerli für den Hund.

**Haus am See (7)**
Marschenhausweg 3
27580 Bremerhaven
0471 81398
www.ha-see.de
Großer Biergarten und gratis Begrüßungsleckerli.

**Dat Havenhuus (14)**
Am Hafen 8
26969 Butjadingen-Fedderwardersiel
04733 1740140
www.dat-havenhuus.com
Hausmannskost für Zwei- und Wasser für Vierbeiner.

**Fisch Bar (13)**
Strandallee 88
26969 Butjadingen
Fischbrötchen, Imbissklassiker und ein Trinknapf.

**Il Giardino**
Tossenser Deich 5
26969 Butjadingen
04736 722
https://il-giardino-italian-restaurant.business.site
Italienisches Restaurant, nicht weit vom Hundestrand.

**Am Pier (2)**
Am alten Hafen 4
27472 Cuxhaven
04721 500827
www.ampier.de
Vierbeiner löschen ihren Durst an der Hundebar.

**Björn's Beach**
Cuxhavener Straße 69
27476 Cuxhaven
04721 6669156
www.björns-beach.de
Kreative Köstlichkeiten – auch für Vegetarier.

**Die kleine Fischkiste (1)**
Niedersachsenstraße 10
27472 Cuxhaven
04721 22715
www.kleine-fischkiste.de
Frisch zubereiteter Fisch und gefüllte Trinknäpfe.

**Kletterpark Cuxhaven (4)**
Wernerwaldstraße 2
27476 Cuxhaven
04721 6986138
www.kletterpark-cuxhaven.de
Im Waldbistro gibt es diverse Sorten Hundeeis.

**Windfuhrs Pub**
(Geöffnet von März–Oktober)
Amselstraße 22
26553 Dornum-Neßmersiel
04933 992364
www.windfuhrs-pub.de
Hunde haben Zutritt in das irische Lokal.

**Emder Heringslogger (65)**
Am Delft
26721 Emden
0171 4869013
www.emder-heringslogger.de
Fischimbiss mit berühmten Matjes-Spezialitäten.

**Strandlust (64)**
(Geöffnet von April–Oktober)
Jannes-Ohling-Straße 39
26723 Emden
04927 187830
www.die-strandlust.de
Ausflugslokal beim Hundestrand an der Knock.

**plietsch**
Bahnhofstraße 20
26427 Esens
04971 9248282
www.plietsch-esens.de
Bioprodukte, Burger sowie Prime Beef.

**Mühlenhof Bagband**
Mühlenstraße 1
26629 Großefehn
04946 9171220
www.muehlenhof-bagband.de
»Heimatköken« in stilvoller Umgebung.

**Café am Gut (74)**
Neue Straße 8
26835 Hesel-Neukamperfehn
04946 916684
www.cafeamgut.com
Hundefreundliches Gasthaus beim Gut Stikelkamp.

**Klostercafé (73)**
Zum Forsthaus 1
26632 Ihlow
04929 915949
www.kloster-ihlow.de
Selbstgebackener Kuchen an der Klosterstätte.

**Altstadtbrauerei Marienbräu (35)**
Apothekerstraße 1
26441 Jever
04461 744990
www.marienbraeu.de
Selbstgebrautes und Wassernäpfe.

**Der Butt**
Kattrepel 2
26441 Jever
04461 9187892
www.der-butt-fischrestaurant.de
Fangfrisches in Wohlfühlatmosphäre.

**Eishaus (34)**
(Geöffnet von März–Oktober)
Alter Markt 10
26441 Jever
0151 15906678
www.eishaus-eis.de
Süßes für Zwei- und Wasser für Vierbeiner.

**Rettungsschuppen Greetsiel**
Am alten Deich 31
26736 Krummhörn-Greetsiel
04926 9095733
www.rettungsschuppen-greetsiel.de
Kalte oder warme Gerichte und Getränke mit Hafenblick.

**Schoof's Mühlencafé (60)**
(Geöffnet von April–Oktober)
Mühlenstraße 2c
26736 Krummhörn-Greetsiel
04926 2154
www.muehle-schoof.de
Satte Pfannkuchen aus selbstgemahlenem Mehl.

**Osterburg (62)**
(Café und Restaurant)
An der Osterburg 1–3
26736 Krummhörn-Groothusen
04923 9275323
www.osterburg-groothusen.de
Hundefreundlicher Familienbetrieb, historisches Ambiente.

**Alte Brauerei**
An der Alten Brauerei 2
26736 Krummhörn-Pilsum
04926 912915
www.alte-brauerei-pilsum.de
Gehobene regionale Küche, Reservierung ratsam.

**Meierei**
26465 Langeoog
04972 248
www.falke-meierei.de
Leckere Dickmilch – mit Hund nur draußen.

**Café Schloss Evenburg (77)**
Am Schlosspark 23
26789 Leer
0491 99236723
www.haase-catering.de
Schattige Pause nach dem Schlossparkspaziergang.

**Schlossparkcafé Lütetsburg (53)**
Landstraße 39
26524 Lütetsburg
04931 1750
www.schlossparkcafe-luetetsburg.de
Vierbeiner drinnen oder draußen willkommen.

**Störtebeker's Teestube**
Am Markt 27
26529 Marienhafe
04934 496650
www.störtebekers-teestube.de
Gebäck und Snacks am Störtebekerturm.

**Museum Moorseer Mühle (11)**
Butjadinger Straße 132
26954 Nordenham-Abbehausen
04731 88983
www.museum-moorseer-muehle.de
Im Museum und Café sind angeleinte Hunde gestattet.

**Café Suutje (28)**
(Geöffnet von Mai–September)
Barkel 100
26419 Schortens
04423 9149898
www.lebensweisen-schortens.de
Hier arbeiten Menschen mit und ohne Behinderung.

**Forsthaus Upjever (27)**
Krongutsallee 54
26419 Schortens
04461 80033
www.forsthaus-upjever.net
Saisonale Wirtshausküche im Wald.

**Bistro am Meer**
Am Gästehafen 1
26624 Südbrookmerland
0171 7889434
www.grossesmeer.de
Lokal mit Kiosk, fußläufig zur Freilauffläche.

**Kurhaus Dangast (18)**
An der Rennweide 46
26316 Varel
04451 4409
www.kurhausdangast.de
Lässige Strandlage, legendärer Rhabarberkuchen.

**Brücke Hooksiel**
Schleuse 2
26434 Wangerland-Hooksiel
04425 991747
www.bruecke-hooksiel.de
Hausgemachte Räucherfischspezialitäten.

**Zum Schwarzen Bären (33)**
Lange Straße 15
26434 Wangerland-Hooksiel
04425 95810
www.zum-schwarzen-baeren.de
Für brave Hunde gibt es ein Leckerli.

**Café Pudding**
Peterstraße 15
26486 Wangerooge
04469 220
www.cafe-pudding.com
Die Kult-Gastronomie hat eine Hundebar.

**Blumenreich (39)**
Dahlienstraße 26
26639 Wiesmoor
04944 91980
www.tourismus-wiesmoor.de
Gastronomie, Blumenhalle und Gartenpark.

**Lüttje Haven (38)**
Am Stadion 14
26639 Wiesmoor
04944 5999759
Stärkung nach dem Spaziergang um das Ottermeer.

**Bootshaus am Stadtpark (31)**
Neuengrodener Weg 18
26386 Wilhelmshaven
04421 5088477
www.bootshaus-wilhelmshaven.de
Nach dem Flanieren einen Flammkuchen genießen.

**Le Patron am Meer**
Südstrand 106
26382 Wilhelmshaven
04421 368457
www.le-patron.de
Gelegentlich gehört Hundeeis zur Speisekarte.

**Teehäuschen Café (29)**
Südstrand 119
26382 Wilhelmshaven
04421 43981
Tipp: Bratwurst von freilaufenden Deichschweinen.

**Heimathafen (44)**
Am Hafen Ost 9
26409 Wittmund-Carolinensiel
04464 1385
www.koje9-carolinensiel.de
Kreative Küche und modernes Design.

**Teestube Tüdelpott (43)**
Pumphusen 10
26409 Wittmund-Carolinensiel
04464 8349
www.tuedelpott.de
Hier gibt es einen Schluck Ostfriesland.

**Wattkieker (36)**
Am Harlesiel 20
26409 Wittmund-Harlesiel
04464 9459200
www.wattkieker.de
Fisch, Vegetarisches oder Veganes.

**SiEBHAUS (6)**
Am Wremer Hafen/Strandstraße
27638 Wremen
0174 7542303
www.siebhaus.de
Kult-Imbiss mit frischen Krabben sowie Kuchen.

**Nordwestdeutsches Schulmuseum (25)**
(Geöffnet von April–Oktober)
Wehdestraße 97
26340 Zetel
04453 1381
www.schulmuseum.de
Vierbeiner dürfen mit in das Museum und Café.

**Urwaldhof (23)**
Urwaldstraße 59
26340 Zetel-Neuenburg
04452 1860
www.urwaldhof-friesland.de
Im Biergarten steht auch ein Wassernapf bereit.

## Geschäfte für Hundenahrung und -ausstattung

*Besondere Läden, die originelles Hundezubehör, Hundefeinkost oder Ernährungsberatung anbieten, sowie klassische Märkte für Tierbedarf, falls im Urlaub mal das Futter ausgehen sollte.*

**Fehntjer Tiernahrung (20)**
Feldweg 41
26689 Apen-Augustfehn
04489 4048620
www.fehntjer-tiernahrung.de
BARF- und Nassfutter, Werksverkauf.

**Knabberland**
Siegwohrstraße 11
26689 Apen
01577 7907030
www.knabberland.de
Kauartikel und Leckerlis in vielen Varianten.

**Landhandel Ross**
Oldersumer Straße 139
26605 Aurich
04941 3336
www.landhandel-ross.homepage.t-online.de
Diverses Futter, biologische Hundeapotheke.

**Schecker-Shop Aurich (70)**
Osterstraße 27
26603 Aurich
04941 6985867
www.schecker.de
Großes Sortiment für Hund und Halter.

**Zoo am Meer**
Langenhof 3
26160 Bad Zwischenahn
04403 939786
www.zoo-am-meer.net
BARF-, Trocken-, Nassfutter sowie Zubehör.

**Moni's Hundehütte (22)**
Am Glockenturm 4
26345 Bockhorn
04453 4891406
www.monis-hundehuette.de
Futter sowie Zubehör, mit Lieferservice.

**Huvona Tierfutter Service**
Schlachthofstraße 30
27576 Bremerhaven
0471 56091
www.huvona.de
Frischfutter, eigene Trocknung, diverse Marken.

**KüstenTier (1)**
Deichstraße 3
27472 Cuxhaven
0172 3597078
www.kuestentier.de
Frischfleisch/-fisch, hochwertiger Hundebedarf.

**Piepmatz Futtershop (49)**
Pumpsieler Straße 11
26553 Dornum
0162 6608631
www.piepmatz-futtershop.de
Hundebedarf sowie Tante-Emma-Laden.

**Hofladen Jan Bleeker**
Cirksenastraße 12
26723 Emden
04921 9971111
Gesunde Nahrung für Zwei- und Vierbeiner.

**Bernstein Huus (47)**
(Museum geöffnet von März–Oktober)
Herdestraße 10
26427 Esens
04971 2278
www.nordseeschmuck.de
Laden mit Museum, Bernsteinketten für Hunde.

**HANKENHOF – Gesundheits-Kompetenz-Zentrum (75)**
Burgweg 2
26849 Filsum
04957 657
www.hankenhof-xxl.de
Gesundheits-Shop, Fitness-Konzepte, Ferienwohnung.

**3 Sterne für 4 Pfötchen**
Kirchrott 3–5
26524 Hage
04931 9756939
www.3sternefür4pfötchen.de
Umfangreiches Sortiment rund um den Hund.

**Die Pfoten Heimtierbedarf**
Am Gewerbepark 1
27628 Hagen
04746 9387850
www.diepfoten-heimtierbedarf.de
Vielseitiges Sortiment und fachkundiger Service.

**Diekrunner (52)**
Sophienhof
26524 Hagermarsch-Junkersrott
04938 915787
www.diekrunner.de
Maßgefertigte Halsbänder und Accessoires.

**Landhandel Schuirmann**
Am Bahnsteig 13
26427 Holtgast-Fulkum
04971 4408
www.landhandel-schuirmann.de
Trocken-, Nassfutter und weitere Tiernahrung.

**Barf Regional**
Feldstraße 48
26789 Leer
0491 9711023
www.barf-regional.de
Rohfleisch – Selbstabholer und Lieferservice.

**Oelfke**
Helmut-Neynaber-Straße 5
27612 Loxstedt
04744 820997
www.oelfke-futtermittel.de
Geschäft für Futtermittel und Haustierzubehör.

**Friesenwolf**
Am Hafen 9
26506 Norden
0172 7009200
www.friesenwolf.de
Rohfleisch, Nahrungsergänzungen, Kauartikel.

**Nicoles Futterküche (79)**
Friesenstraße 59
26871 Papenburg
04961 8330495
www.nicoles-futterkueche.de
BARF-, Nass- und Trockenfutter sowie Zubehör.

**Das Futter-Stübchen**
Raiffeisenstraße 20
26180 Rastede
04402 8680272
www.das-futter-stuebchen.de
Ausgewählte Hundenahrung und -ausstattung.

**Tierfutterstübchen (10)**
Wesermünder Straße 24
27619 Schiffdorf-Wehdel
04749 103377
www.tierfutterstuebchen.de
Kompetente Beratung und hochwertige Produkte.

**Schecker-Shop Südbrookmerland**
Ostvictorburer Straße 102
26624 Südbrookmerland
04942 91180
www.schecker.de
Hauseigene Produkte, ausgewählte Marken.

**mcwuff.de**
Hausmannstraße 25
26655 Westerstede
04409 972331
www.mcwuff.de
BARF – Hofverkauf und Lieferservice.

**Cats & Dogs – artgerecht leben (19)**
Eisenstraße 4
26215 Wiefelstede
04402 8635874
www.artgerechtleben.de
Hundebedarf mit Schwerpunkt BARF.

**Pfotenfutter & Krallenkrams (18)**
Königstraße 27a
26215 Wiefelstede-Leuchtenburg
04402 6951919
www.pfotenfutter-krallenkrams.de
Umfangreiche Frischetheke und Beratung.

**B.A.R.F.-WHV**
Industriestraße 58
26389 Wilhelmshaven
0151 46607995
www.barf-whv.de
BARF aus eigener Produktion, Werksverkauf.

**Pfoten-Bar Wilhelmshaven (31)**
Freiligrathstraße 179
26386 Wilhelmshaven
0160 93513948
www.pfoten-bar.de
Regionales BARF, zertifizierte Beratung.

## FREILAUFFLÄCHEN

*Hier darf man den Hund definitiv von der Leine lassen.*

**Badesee Tannenhausen (71)**
Stürenburgweg
26607 Aurich
Eingezäunter Hundestrand mit Sitzgelegenheiten.

**Freilauffläche Hellerweg (51)**
Hellerweg
26579 Baltrum
Ganzjährige Leinenfreiheit unterhalb des Deiches.

**Hundestrand Südbad (66)**
Höhe Greune Stee
26757 Borkum
Leinenpflicht vom 01.04.–15.07., angrenzende Freilauffläche.

**Hundespielplatz im Scheunenpark (13)**
Am Deich (Hinter der Spielscheune in der Strandallee 57a)
26969 Butjadingen
5.600 Quadratmeter, Stationen wie Sandstelle und Tunnel.

**Fun-Agility-Park Neßmersiel (49)**
(Geöffnet von April–September)
Strandstraße
26553 Dornum-Neßmersiel
Öffentlicher Hundeplatz, Freilauffläche nebenan.

**Hundestrand an der Knock**
Jannes-Ohling-Straße
26723 Emden
Kleiner Sand-/Steinstrand ohne Leinenpflicht.

**Hundestrand am Timmeler Meer**
Zum Timmeler Meer
26629 Großefehn
Binnensee mit abgegrenztem Freilaufbereich.

**Freilauffläche Harlesiel**
Schwerinsgroden
26409 Harlesiel
Kleiner Bereich, nah am Hundestrand und Wanderweg.

**Hundeauslauf Visquard**
Dykhusener Drae 5
26736 Krummhörn
www.galgos-in-ostfriesland.de
Hier findet das »Ostfriesische Hundetreffen« statt.

**Hundestrand Norddeich (56)**
Ausgangspunkt:
Parkplatz Deichstraße
26506 Norden-Norddeich
Umzäunte Freilauffläche sowie Zugang ins Wattenmeer.

**Hundefreilaufgebiet an der Strandallee (12)**
Großensieler Hafen
26954 Nordenham
Auf der »Osterfeuerwiese« laufen Vierbeiner frei.

**Seenpark III (11)**
Coldewärfer Straße
26954 Nordenham
Ein Kilometer langer Rundweg mit Bademöglichkeit.

**Beachclub Nethen (17)**
Bekhauser Esch 170
26180 Rastede
04402 696250
www.hundestrand-nethen.de
Bis 5.000 Quadratmeter umzäunt, Wasserzugang, Agility.

**Huntsteert (27)**
Zum Huntsteert
26419 Schortens
0176 56747777
www.leinenlos-friesland.de
Acht Hektar umzäunt, Spazierwege und Seezugänge.

**Großes Meer (69)**
Am Gästehafen
26624 Südbrookmerland
04942 20472000
www.grossesmeer.de
Umzäunte Fläche an Ostfrieslands größtem Binnensee.

**Hundestrand Hooksiel**
Bäderstraße (am Parkplatz Hundestrand)
26434 Wangerland-Hooksiel
Kleiner umzäunter Freilaufbereich am Hundestrand.

**Freilaufbereich beim Hundestrand (37)**
Ausgangspunkt: Übergang am Bootsweg
26486 Wangerooge
Am Strand in Richtung Osten bis Höhe Café *Neudeich*.

**Hundefreilauffläche Stadtnorden (32)**
Ecke Möwenstraße/Preußenstraße
26388 Wilhelmshaven
Umzäuntes Gelände, Eingangsschleuse, Wasserversorgung.

**Hundestrand Dorum-Neufeld (10)**
Am Kutterhafen
27632 Wurster Nordseeküste
Abschnitt mit Strandkörben, Hundedusche, Freilaufzone.

**Moving Dogs (24)**
Spolsener Moorstraße 10
26340 Zetel
0178 2126503
www.moving-dogs.net
Betreuter »HundeToll-Platz«, offene und separate Gruppen.

## TIERÄRZTLICHE VERSORGUNGSSTELLEN

*Hundekliniken, Tierärzte und ärztlicher Tiernotdienst für den Fall der Fälle. Zudem Physiotherapie für den Hund, damit auch Langzeit-Behandlungen im Urlaub fortgesetzt werden können.*

**Tierärzte an der Sandhorster Mühle Queck & Partner**
Esenser Straße 190
26607 Aurich
04941 9738886
www.tierarzt-queck.de
Moderne Praxis neben historischer Mühle.

**Tierarztpraxis Anke Sühwold**
Esenser Straße 29
26603 Aurich
04941 6970271
www.tierarztpraxis-aurich.de
Endokrinologische Diagnostik, Geriatrie.

**Tierarztpraxis Bruns & Wagner**
Schoolpad 47
26605 Aurich
04941 6046664
www.tierarztpraxis-bruns-wagner.de
Dermatologie, Kardiologie, Apotheke.

**Tierphysiotherapie Ostfriesland**
Wallinghausener Straße 102
26605 Aurich
04941 9236353
www.tierphysiotherapie-ostfriesland.de
Unterwasserlaufband, Magnetfeldtherapie.

**Tierarztpraxis Borkum**
Olde Melkstee 21
26757 Borkum
04932 82218
https://tierarztpraxis-borkum.business.site
Zwei Tierärztinnen betreuen Patienten auf der Insel.

**Kleintierpraxis Bremerhaven-Mitte**
Löningstraße 12
27568 Bremerhaven
0471 41861075
www.kleintierpraxis-bhv-mitte.de
Akupunktur, Homöopathie, Verhaltenstherapie.

**Tierarztpraxis Bremerhaven**
Theestraße 1
27570 Bremerhaven
0471 44011
www.tierarztpraxis-nagelfeld.de
Separater Warteraum für ängstliche Tiere.

**Tierarztpraxis Wurster Straße**
Wurster Straße 101
27580 Bremerhaven
0471 802023
www.tierarztpraxis-wurster-strasse.de
Anerkannt für Untersuchung auf Patellaluxation.

**Kleintierpraxis am Hafen**
Kapitän-Alexander-Straße 17
27472 Cuxhaven
04721 395495
https://kleintierpraxis-am-hafen.de
Ganzheitliche Behandlungen.

**Tierarztpraxis Dorum**
Speckenstraße 10
27639 Dorum
04742 926301
www.tierarztpraxis-alpers.de
Dr. med. vet. Alpers bietet einen 24/7-Notdienst.

**Kleintierpraxis Katja Harders-Harms**
Auricher Straße 141
26721 Emden
04921 994320
www.tierarztpraxis-harders.de
Allgemeinmedizin, Diätetik, Verhaltensberatung.

**Tierärzte Esens**
Gartenstraße 8
26427 Esens
04971 4428
www.tieraerzte-esens.de
Mehrere Tierärzte und Spezialisierungen.

**Tierarztpraxis Dr. Ruth Twehues**
Junker-Balthasar-Straße 1
26427 Esens
04971 5450
www.tierarztpraxis-esens.de
Auch Welpen-, Ernährungs-, Reiseberatung.

**Tierärztliche Gemeinschaftspraxis Friedeburg (40)**
Friedeburger Hauptstraße 63
26446 Friedeburg
04465 942127
www.tierarztpraxis-friedeburg.de
Moderne Einrichtung für allgemeine Veterinärmedizin.

**Tierarztpraxis Elmlohe**
Schafhausenweg 21
27624 Geestland-Elmlohe
04704 230004
www.tierarztpraxis-nagelfeld.de
Werk- und samstags auch offene Sprechstunde.

**Praxis für Kleintiere**
Forstallee 3
26524 Hage-Berum
04931 997000
www.tierarzt-hage.de
Seit mehr als 100 Jahren bestehende Praxis.

**Fachtierärztliches Zentrum Dr. Berger**
Am Markt 7
26892 Heede
04963 91140
www.tzberger.de
Auf Fachgebiete spezialisierte Tierklinik.

**Tierarztpraxis im Friesenhof**
Friesenstraße 11
26632 Ihlow
04928 919090
www.friesenhofpraxis.de
Klassische Medizin in idyllischem Hofgebäude.

**Kleintierpraxis Jever**
Am Bahnhof
26441 Jever
04461 72770
www.kleintierpraxis-jever.de
Klassische und alternative Medizin, Zuchtberatung.

**Tierarztpraxis Jeverland**
Georg-von-der-Vring-Straße 2
26441 Jever
04461 9175035
www.tierarztpraxis-jeverland.de
Schulmedizin, Ernährungsberatung, Physiotherapie.

**Hundephysiotherapie Julia Heckelmann**
Zur neuen Schule 4
26736 Krummhörn-Jennelt
0157 37743293
www.julia-heckelmann.de
Manuelle- und weitere Therapieformen.

**Kleintierpraxis Dr. Nele Seybold**
Friesenstraße 25
26789 Leer
0491 99230188
www.kleintierpraxis-leer.de
Schul- und Alternativmedizin, Hausbesuche, Notdienst.

**Tierarztpraxis**
**Dr. Insa Rulffes**
Reformierter Kirchgang 2
26789 Leer
0491 3881
www.tierarztpraxis-leer.de
Allgemeinversorgung, Hundeführerschein.

**Tierarztpraxis**
**Dr. M. Ordobazari**
Ubbo-Emmius-Straße 14a
26789 Leer
0491 98796080
www.tierarzt-leer.com
Klassische Medizin, Homöopathie, Notdienst.

**Tierarztpraxis Steinbach**
Gustav-Elster-Straße 1
26789 Leer
0491 99236000
www.tierarztleer.de
Auch Verhaltensberatung und Sachkundenachweis.

**Tierarztpraxis Dr. Roberts**
Burgstraße 14
26529 Marienhafe
04934 4108
www.tierarztpraxis-roberts.de
Klassische Medizin, Akupunktur, Neuraltherapie.

**Marco Tjaden**
**Traditionell Ostfriesischer Knochenbrecher**
Groothuser Straße 13
26624 Münkeboe
0176 85737218
www.knochenbrecher-meiners.jimdofree.com
Traditionelle ostfriesische Heilkunde für Hunde.

**Praxis für Kleintiere**
**Michael Hähner**
Schulstraße 26a
26506 Norden
04931 167754
www.praxis-fuer-kleintiere-norden.de
Spezialisiert auf Hautkrankheiten, Fütterungsberatung.

**Tierarztpraxis**
**Theodor Janssen**
Westlinteler Weg 15
26506 Norden
04931 4513
www.dr-janssen-norden.de
Betreuung auf Hoch- oder Plattdeutsch.

**Kleintierpraxis Steeb**
Deichgräfenstraße 16
26954 Nordenham
04731 871660
www.tierarztpraxis-steeb.de
Ultraschall, digitales Röntgen, Praxislabor.

**Tierärztliche**
**Gemeinschaftspraxis**
Atenser Allee 136
26954 Nordenham
04731 23332
www.nordenham-tierarzt.de
Mehrere Mediziner, moderne Praxis.

**Tiergesundheitszentrum**
**Oldenburg**
Gartenstraße 12
26122 Oldenburg
0441 74074
www.tgz-ol.de
Überweisungsklinik, verschiedene Fachgebiete.

**Tierarztpraxis Schiffdorf**
Pleschenstraße 16
27619 Schiffdorf
04706 93250
www.tierarztpraxis-schiffdorf.de
Partnerschaft mit der Tierarztpraxis am Neumarkt.

**Dr. med. vet. Andreas**
**Bukowski (68)**
Emder Straße 19
26624 Südbrookmerland
04942 91122
Die Tierarztpraxis bietet auch Frischfutter an.

**Tierarztpraxis Marek**
Unterdreescher Weg 10
26529 Upgant-Schott
04934 4433
www.tierarztpraxis-marek.de
Unter anderem Ernährungs- sowie Welpenberatung.

**Kleintierpraxis am Bahnhof**
Hansastraße 11
26316 Varel
04451 9189955
www.kleintierpraxis-am-bahnhof.de
Praxislabor, Hausbesuche, Notdienst.

**Kleintierpraxis Obenstrohe**
Wiefelsteder Straße 124
26316 Varel
04451 804688
www.tierarzt-varel.de
Windhunderfahrung, Mittelmeerkrankheiten.

**Tierarztpraxis Tovar**
Friedrichsfelder Straße 1
26316 Varel
04451 9690403
www.tierarztpraxis-tovar.de
Allgemeinmedizinische und alternative Heilmethoden.

**Dr.med.vet. Simone**
**Steudtner**
**Tierarztpraxis für Kleintiere**
Gottels 17
26434 Wangerland
04463 942548
www.kleintierpraxis-wangerland.de
Beratung und Behandlung auf einem Bauernhof.

**Tierarztpraxis Hooksiel**
Pakenser Altendeich 8
26434 Wangerland-Hooksiel
04425 1800
www.tierarzt-hooksiel.de
Praxislabor, stationäre Behandlung, Hausbesuche.

**reha4dogs (78)**
Dorenborg 5
26810 Westoverledingen
0177 5984515
www.gerlind-rose-tiernaturheilpraxis.jimdofree.com
Tierheilpraxis, Hundephysiotherapie, Praxis-Shop.

**Dr. med. vet.
Jan Ueberschaar**
Adalbertstraße 32
26382 Wilhelmshaven
04421 41711
www.tierarzt-ueberschaar.de
Fachtierarzt für Kleintiere.

**Kleintierpraxis
Dr. Karin Schröder**
Kopperhörner Straße 17
26384 Wilhelmshaven
04421 93210
www.tierarztpraxis-wilhelmshaven.de
Allgemeinmedizin, Hausbesuche, stationäre Behandlung.

**Tierarztpraxis
Wilhelmshaven**
Inhauser Straße 22
26389 Wilhelmshaven
04421 773770
www.tierarzt-michling.de
Gelenkchirurgie, Sonographie, Endo-/Arthroskopie.

**Tierarzt W. B. Janssen**
Mühlenstraße 48
26409 Wittmund
04462 5407
www.tierarzt-am-meer.de
Betreibt noch eine weitere Praxis in Aurich.

**Tierarztpraxis Jasmin Rath**
Wiesenweg 15
26409 Wittmund-Blersum
04462 922532
www.kleintierpraxis-rath.de
Schulmedizin, Homöopathie, Schüssler Salze.

**Tierarztpraxis Nordholz**
Wanhödener Straße 5
27639 Wurster Nordseeküste
04741 603420
www.tierarztpraxis-in-nordholz.de
Impfberatung, Parasitenprophylaxe.

**Tierarztpraxis
Dr. Ralf Surholt**
Am Markt 2
27639 Wurster
Nordseeküste-Midlum
04741 9025805
www.tierarztpraxis-surholt.de
Freie Sprechstunde, feste Termine, Notdienst.

## HUNDESITTER UND -PENSIONEN

*Falls nötig, kann man hier den Hund für einige Stunden oder Tage unterbringen.*

**Tierpension im Grünen**
Vreburger Weg 1
26969 Butjadingen
04735 1459
www.tierpension-von-thuelen.de
Gemeinsame Spielgruppen und Ausflüge.

**Deichhunde**
Cankebeerstraße 10
26553 Dornum
04933 5040577
www.deichhunde.de
Stunden-/Tagesaufenthalt bei der Hundetrainerin.

**Tierpension Simone**
Hauptstraße 54
26427 Dunum
04971 9495788
www.tierpension-simone.de
Persönliche und fachkundige Versorgung.

**Hundepension Petra**
Hof an der Pipinsburg
27607 Geestland-Langen-Sievern
04742 9269941
www.hundepension-petra.de
Aufenthalt im Haus, tägliche Spaziergänge.

**Dat Bello-Huus (72)**
Dwarsweg 14
26632 Ihlow
04941 6974350
www.bello-huus.de
Hundepension, -schule, -salon und Manufaktur.

**Hundepension Moorkampen**
Moorkampsweg 6
26632 Ihlow
04929 9179150
www.hundepension-moorkampen.de
Rund-um-die-Uhr-Versorgung für Vierbeiner.

**Hundeherberge Friesenhof**
Jaderlangstraße 11
26349 Jade
04483 930430
www.hundeherberge-friesenhof.de
Aufenthalt und Beschäftigung in Gruppen.

**Dogs Nanny**
Kummerweg 39
26487 Neuschoo
04975 7775000
www.hundepensionostfriesland.de
In der Obhut von geschulten Hundepsychologen.

**Hundeschule Heßling**
Frieschenmoorer Straße 17
26939 Ovelgönne
04480 949520
www.hessling.de
Freundlich gestaltetes, professionelles Hundehotel.

**Pfötchentreff Canima**
Mentzhauser Straße 59
26939 Ovelgönne
04480 9195516
www.pfoetchentreff-canima.de
Zertifizierte Hundeunterkunft und -schule.

**Hundezentrum Burlager**
Klosterstraße 9
26683 Saterland
0152 02917066
www.hundeschule-burlager.de
Hundeschule, -hotel und Veranstaltungsort.

**Villa BunterHund**
Vor den Meedenstücken 9
26670 Uplengen
04956 3522
www.bunterhund-poghausen.de
Lang-/Kurzzeitquartier auf ehemaligem Bauernhof.

**Pfötchenzentrum Varel**
Wilhelmshavener Straße 1
26316 Varel
04451 805260
www.hunde-varel.de
Hundetreff, -tagesstätte sowie -pension.

**Hundepension & Hundeschule Eberlei**
Großwolder Straße 143
26810 Westoverledingen
04955 997017
www.hundepension-eberlei.de
Artgerechte Betreuung an 365 Tagen im Jahr.

**Pension Pfotentreff**
Dingsfelder Weg 2a
26215 Wiefelstede
04402 69925
www.pension-pfotentreff.de
Tagesstätte und Pension mit Badeteich.

**Hundeoase am Ottermeer**
Hauptstraße 223
26639 Wiesmoor
0152 38147860
www.hundeoase-am-ottermeer.de
Unterschiedliche Beschäftigung für Hunde aller Art.

**Hundeschule und Pension Petra Saal**
Zweite Reihe 90
26639 Wiesmoor
04948 992155
www.hundeschule-saal.de
Tages- und Ferienpension, Intensivtraining im Urlaub.

**Pami's Hundehafen**
Ladestraße 8
26389 Wilhelmshaven
04421 1844060
www.pamis-hundehafen.de
Familiäre Betreuung, tagsüber oder im Urlaub.

**dog's time**
Rispel 60
26409 Wittmund
04468 9396900
www.dogs-time.de
Unterkunft mit eingerichteten Hundezimmern.

**Hundeglück**
Isums 20
26409 Wittmund
04462 9237878
www.hundepension-hundeglueck.de
Tagesstätte und Pension mit individueller Pflege.

## WELLNESS FÜR DEN HUND

*Den Hund von der Haarspitze bis zu den Pfoten verwöhnen lassen geht hier, teilweise kombiniert mit gesundheitsfördernden Angeboten.*

**Pfötchen Figaro**
Borriestraße 15b
27570 Bremerhaven
0157 34238466
https://hundesalon-pfotchen-figaro.business.site
Individuelle Fachbehandlung aller Felle.

**Fell Oase**
Hauptstraße 45
27487 Cuxhaven-Altenwalde
0170 1246116
www.fell-oase.com
Professionelles Frisieren vom Welpen bis zum Senior.

**Hundesalon Filzfrei**
Schloßstraße 10c
26532 Großheide
0176 20166595
www.hundefriseur-ostfriesland.de
Pflege sowie Zubehör für kleine bis mittelgroße Hunde.

**Connys Hundesalon**
Siebestraße 6
26835 Holtland
04950 987942
https://connys-hundesalon.business.site
Rassetypische Formschnitte sowie saisonale Fellpflege.

**Hunde-Salon/Hundephysiotherapie Britta Backenköhler**
Sandel 57
26441 Jever
04461 7486972
www.hundeschulhof-friesland.de
Salon und Physiotherapie auf dem Hundeschulhof Friesland.

**Hundepflege Rentz**
Rudolfswieke 78
26802 Moormerland
04954 9237482
www.hundepflege-rentz.de
Sorgfältige Anwendungen – auch für schwierige Hunde.

**Hundefriseur Picobello**
Lange Riege 16e
26506 Norden
04931 15556
www.hundefriseur-picobello.de
Alle Vierbeiner willkommen, auch mobile Termine möglich.

**Hundefriseur Mariska**
Davidsweg 37
26817 Rhauderfehn
0170 2144146
www.hundefriseurmariska.de
Zertifizierte Hundefriseurin für alle Rassen und Mischlinge.

**Hundefriseur Fellness Martina Christoffers**
26419 Schortens
04423 916387
www.hundefriseur-fellness.de
Mobiler Betrieb, Groomerin sowie Tierheilpraktikerin.

**Der Hundefrisör**
Bürgermeister-Lüken-Platz 20
26624 Südbrookmerland
0175 6602404
www.hundesalon-aurich.de
Individuelle Pflege und typgerechte Schnitte by Gina-Maria.

**Hunde- & Katzensalon Wollfrei**
Bürgermeister-Lüken-Platz 5
26624 Südbrookmerland
0176 22987472
www.hundefriseur-ostfriesland.de
Behandlung mittelgroßer bis großer Lang- und Rauhaarrassen.

**Hundestudio AnnaFellFein**
Gerhart-Hauptmann-Straße 8
26316 Varel
04451 5978
www.annafellfein.de
Fell-, Ohren- und Krallenpflege für alle Hunderassen.

**Felltrend (41)**
Gottels 12
26434 Wangerland
04463 8096476
www.felltrend.de
Speziell kleine Hunde (bis 40 cm), Fütterungsberatung.

**Trimm den Struppi (58)**
Heidkamp 6
26556 Westerholt-Willmsfeld
0173 2585851
Hübscher Salon, inklusive Shop mit Zubehör und Futter.

**Hundesalon Westoverledingen**
Ihrener Straße 26
26810 Westoverledingen-Ihrhove
0151 10000169
www.hundesalon-westoverledingen.de
Unter anderem medizinische Bäder, Anti-Flohbehandlung.

**Hundesalon felleganz**
Drosselweg 62
26639 Wiesmoor
01525 3946232
www.felleganz.de
Moderne und rassetypische Frisuren, Wellness-Angebote.

**Hundesalon Fellputzer**
Hunrichsstraße 42
26388 Wilhelmshaven
0160 7045102
www.fellputzer.de
Fachbetrieb für Hundegesundheit und Pflege.

**Hundesalon am Altendeich**
Cappeler Altendeich 57
27639 Wurster Nordseeküste
04741 180565
www.hundesalon-am-altendeich.de
Artgerechte Tierpflege, mit Hol- und Bringservice.

Daniela Skalla
**Lieblingsplätze mit Hund**
**Bayerischer Wald**
192 Seiten, 14 x 21 cm
Klappenbroschur
ISBN 978-3-8392-2929-3
**€ 18,00 [D] / € 18,50 [A]**

Der Bayerische Wald ist ein Paradies für Hunde – und ihre Familien. Genießen Sie mit Ihrem Vierbeiner eine stressfreie Auszeit im größten Waldgebiet Mitteleuropas. Umrunden Sie eiszeitliche Seen, erklimmen Sie Berggipfel oder nehmen Sie an einer Alpaka-Wanderung teil. Beine und Pfoten sind nach diesen Abenteuern müde? Kein Problem, denn dieser Reiseführer bietet eine Übersicht mit Übernachtungs- und Einkehrmöglichkeiten, in denen Ihr Hund nicht nur geduldet, sondern ausdrücklich willkommen ist. Egal ob ausgedehnter Urlaub oder Tagesausflüge ins Restaurant, Museum oder an den Badesee – Ihr Vierbeiner ist immer mit dabei.
Im Fall der Felle hilft das Verzeichnis mit Tierärzten und -kliniken, Hundesittern und Fachgeschäften. So wird Ihr Urlaub im Bayerischen Wald zu einem unbeschwerten Freizeitvergnügen für die ganze Familie.

GMEINER